삼성의 팀 리더십

TEAM LEADERSHIP OF SAMSUNG

신원동 지음

한국경제신문

위대한 기업을 일군 삼성의 팀 리더십

대학생이 가장 일하고 싶어하는 직장 1위!

직장인이 가장 옮기고 싶어하는 직장 1위!

대한민국은 왜 이처럼 삼성에 열광하는가? 이에 대한 대답으로 성과에 따른 충분한 인센티브, 높은 연봉, 질 높은 복리후생 등을 떠올리는 사람들은 단지 삼성에 대해 표피적이고 추상적으로 이해하고 있을 따름이다. 대한민국의 대표기업, 나아가 글로벌 컴퍼니로 발돋움한 삼성의 핵심역량은 화려한 물질적 보상보다는 정신적 조건의 충족이라는 차원에 있다. 즉 조직 구성원들의 실적이 아니라 조직 구성원 그 자체의 가치를 중시하는 기업문화를 바탕으로 일의 대가보다는 일의 가치를 우선하는 인재들이 오늘날의 삼성을 일구어낸 것이다. 따라서 삼성맨들은 자신의 모든 열정을 바쳐 회사를 위해 뛰고, 삼성은 그 같은 삼성맨들을 최고의 인재로서 아낌없이 지원하고 대우한다. 최고경영자에서 말단 사원에 이르기까지 '삼성'이라는 일터를 자기 삶의 가장 중심에 두고 비즈니스 현장에서 최고의 활약을 펼치고 있기에 오늘날 타의 추종을 불허하는 브랜드 파워를 구축할 수 있었으리라.

그 동안 삼성의 성공비결을 다룬 많은 책들이 쏟아져나왔다. 하지만 이들 책은 선대 회장님의 창업정신과 이건희 회장님의 신경영철학, 그리고 리더십을 조명하는 데 포커스를 맞추고 있고, 대부분 수십억 연봉을 받는 스타 CEO들의 단편적인 리더십 등을 조명하는 데 그치고 있을 뿐이다. 따라서 치열한 현장을 직접 발로 뛰며 신기록을 끊임없이 작성해 내고 있는 젊은 삼성맨들의 일하는 방법, 리더십, 열정과 신념 등에 대해 알고 싶어하는 비즈니스맨들의 뜨거운 욕구를 충족시키지 못해 온 것 또한 사실이다.

이 같은 면에서 《삼성의 팀 리더십》은 삼성을 실질적으로 이끌어가는 중추세력, 즉 중간관리자들의 열정에 찬 땀방울 하나하나를 담고 있다는 점에서 단연 돋보인다. 이 책을 통해 독자들

* * * * *

은 한 기업이 글로벌 컴퍼니로 성장하는 데 중간관리자들의 리더십 발휘가 얼마나 중요한 역할을 담당하는지 피부로 느낄 수 있게 될 것이다. 현대 축구에서 이른바 미드필더의 활약 여부가 승리를 좌우하듯, 비즈니스 현장에서도 조직의 상·하부 구조를 긴밀하게 연결하는 중간관리자의 리더십이 승패를 가름한다는 것은 누구도 부인할 수 없다. 이 책에서 소개하고 있는 풍성한 팀 리더십 사례들은 세계 무대에서 성장과 혁신의 핵심엔진으로 활약할 젊은 비즈니스맨들에게 알찬 기회와 도전의 발판을 마련해 줄 수 있을 것이다.

《삼성의 팀 리더십》은 비단 삼성맨들에게만 국한되는 이야기가 아니다. 이는 자신의 회사를 위대한 일터로 가꾸어가고자 하는 모든 직장인들의 현재와 미래를 성찰하는 의미 깊은 결과물이다. 이를 통해 독자들은 자신의 리더십 역량을 세계 비즈니스 현장에서 유감없이 발휘할 수 있는 좋은 기회를 열어갈 수 있으리라 확신한다.

삼성경제연구소 인사조직실장

장 상 수 상무

허리가 강한 기업이 신화를 만들어간다

필자는 삼성의 인사부서에서 18년 가까이 근무했다. 그 동안 인재육성에 남다른 관심과 열정을 갖고 일하면서 삼성인력개발원의 중간간부 교육과정을 맡아 사내강사로 활동했다. 또한 삼성리더십센터의 리더십 교육과정을 강의하면서 수많은 현장의 실무자들과 과장 · 차장 · 부장, 그리고 그룹장, 팀장들과 함께 일할 수 있는 기회도 가졌다.

그런 가운데 여러 현장에서 벌어지는 성공 및 실패 사례를 철저하게 분석 · 학습함으로써 중간간부들이 각자의 위치에서 뛰어난 리더십을 발휘할 수 있도록 지원했다. 이 같은 과정들을 통해 현장에서 즉시 영향력을 발휘할 수 있는 생산적이면서도 다양한 노하우가 깃들여진 내용을 정리할 수 있었다. 이 책이 바로 그 결실이다.

오늘날의 삼성을 있게 한 인재경영의 핵심축에는 삼성 중간간부만의 특유한 리더십이 자리하고 있다. 물론 그들에게도 시련은 있었다.

경영환경의 급격한 변화와 슬림화된 조직구조의 새로운 틀에 미처 적응하지 못한 일부 중간간부들 탓에 그들의 역할에 대한 '무용론(無用論)'이 등장한 적도 있었다. 중간간부들의 새로운 역할과 위상이 정립되지 못한 것과 함께 과도기적인 혼란이 더해져 올바른 이해가 부족했던 것이다.

하지만 삼성의 허리는 강했다. 위대한 승리는 스트라이커보다는 미드필더들이 이끌어낸다는 사실을 삼성의 허리는 고비 때마다 유감없이 보여주었다. 단위조직의 중심에 서서 조용하지만 막강한 파워를 형성해 조직의 구성원들을 빈틈없이 이끌어가는 중간간부들은 현장의 변화와 혁신을 누구보다 빠르고, 누구보다 적극적으로 수용한 글로벌 컴퍼니 삼성의 일등공신

. . . . .

8

들이다. 그러나 이들은 지금껏 삼성그룹의 최고경영자들의 그늘에 가려 변변한 조명조차 받지 못한 것 또한 사실이다.

필자는 삼성에서 근무하던 시절에 인간적인 냄새가 물씬 풍기는 사업장 인사부서 현장에서 대부분의 시간을 보냈다. 따라서 이 책에는 필자가 현장에서 보고, 느끼고, 직접 몸으로 체험한 중간간부들의 리더십 성공 사례가 눈앞에 놓인 그림을 설명하듯 생생하게 담겨 있다.

이 책의 곳곳에 등장하는 뛰어난 중간간부들 대부분은 필자와 함께 동고동락한 숨은 일꾼들이며 오늘날의 삼성신화를 만들어 낸 핵심인재들이다.

그렇다면 삼성의 중간간부들은 과연 어떤 사람들일까?

첫째, 그들은 빠른 두뇌와 창의력, 그리고 진취성을 갖춘 인재다.

과거 아날로그 시대에는 축적된 경험이 경쟁력의 원천이었지만 디지털 시대에는 빠른 두뇌와 독창성이 경쟁력의 원천이다. 따라서 미래를 선도할 기업에는 창의적이고 끼 있는 인재가 필요하다. 모범적이고 결점이 없는 안정적인 인물로는 진검승부에

• • • • •

서 승리할 수 없다는 게 삼성의 논리다. 실제로 창의적인 아이디어와 진취적인 태도를 지닌 중간간부가 삼성 기업경영의 핵심 추동력으로 작용한다.

둘째, 글로벌 경영환경을 선도할 경쟁력을 갖춘 인재들이다.

삼성의 중간간부들은 지구촌이라는 컨셉 속에서 세계적인 안목과 국제적 감각, 그리고 세련된 매너를 갖추고 있다. 그들은 이를 바탕으로 세계 문화와의 거리를 좁히고 세계화 시각으로 기업을 이끌어나간다.

더군다나 글로벌 인재는 기본적으로 외국어 실력이 탁월해야 하는데, 단순하게 숫자로 나타나는 토익이나 토플 등의 점수가 높아야 된다는 뜻이 아니다. 즉 일상생활 속에서의 의사소통은 물론이고 비즈니스 영어까지 유창하게 구사할 수 있는 능력을 갖춘 세계인을 말한다.

다시 말해 삼성의 중간간부라면, 국제적 대화가 가능한 언어능력과 정보화 수준, 그리고 주변 인프라를 네트워킹하고 잘 활용할 줄 알아야 한다.

셋째, 분명한 목표와 목적의식을 갖고 부단히 노력하는 인재들이다.

그들은 언제나 명확한 목표와 목적의식 속에 자신의 위치를 입체적·국제적으로 파악하는 자세를 갖추고 있다. 또한 폭넓은 지식과 유연한 사고방식을 기초로 높은 부가가치를 창출하기 위해서 끊임없이 자기 자신을 업그레이드하는 일에 게으르지 않다. 한 마디로 말해 프로 의식을 갖고 일에 도전하는 자세를 갖추고 있다.

삼성은 이 같은 인재들을 길러내는 데 지원을 아끼지 않았다. 한 명의 인재를 영입하기 위해 전용기까지 띄우는 열의와 노력을 보이기도 한다.

뛰어난 미드필더를 갖춘 축구팀이 세계 정상의 자리를 차지하듯, 허리를 강하게 키운 삼성은 글로벌 무대에서 대한민국의 위상을 높이는 대표 브랜드로 자리잡았다.

오늘날 삼성이 이룩한 재계신화는 삼성의 미드필더들이 보여준 희생과 리더십이 있었기에 가능했다. 이에 필자는 삼성이 세계적인 기업으로 거듭나는 데 크게 일조한 삼성 중간간부들의 눈부신 활약상을 구체적으로 담아내고자 한다.

간과할 수 없는 사실은, 삼성의 중간간부들이 보여주는 리더십과 역량이 그 누구도 만들어내지 못한 신화를 창조한다는 점이다.

조직에서 일정한 위치와 경륜, 그리고 학식이 있어야 리더가 되는 시대는 이미 사라졌다. 디지털 기술과 문화가 이끌어갈 21세기에는 지위고하와 남녀노소를 불문하고, 누구나 리더가 될 수 있고 또 리더가 돼야만 생존할 수 있다.

이제 리더십을 발휘하는 것은 우리들의 일상생활이자, 우리 삶 그 자체로 자리잡았다.

자신의 삶 속에서 훌륭한 리더가 되어 멋진 리더십을 발휘하고 싶어하는 독자들과 기업체를 비롯한 모든 조직에서 중간관리자로 열심히 일하는 비즈니스맨들에게, 훌륭한 리더가 될 수 있다는 자신감과 용기, 그리고 비전을 심어주고 싶은 마음으로 이 책을 쓰게 되었다.

이 책을 통해 많은 사람이 삶의 현장에서 자신의 능력을 발견

하고 리더로서의 역량을 유감없이 발휘해 이 시대에 희망과 용기를 줄 수 있기를 소망한다. 오늘도 직장에서 열심히 일하는 중간간부들이 빛나는 미드필더로서 사명감과 자부심을 갖고 기업의 현장에서 훌륭한 리더십을 발휘해 변화와 혁신을 주도해 나가기 바란다.

2005년 10월

신 원 동

. . . . .

PART 1
글로벌 컴퍼니를 이끄는 젊은 리더들

* * * * *

PART 2
좋은 리더를 넘어 위대한 리더로

CONTENTS

PART 1

글로벌 컴퍼니를
이끄는 젊은 리더들

1
프로젝트 리더는 발상전환의 달인

비메모리 시장의 캐시카우, DDI 메모리 반도체 부문에서 삼성이 세계 시장을 주름잡은 지는 오래되었다. 하지만 비메모리 반도체 제품군이 상대적으로 열세를 면치 못하는 상황이야말로 삼성이 안고 있는 고민 중에 고민이었다. 규모 면에서 볼 때, 메모리 시장보다 비메모리 시장이 훨씬 더 크기도 하거니와 반도체 기술력의 최첨단 또한 비메모리 반도체 부문이라는 사실을 아무도 부인할 수 없는 현실이었다. 자타가 공인하는 반도체 부문 세계 정상을 위해 삼성은 비메모리 시장 점령을 향해 각고의 노력을 기울여야 했다.

야심찬 전략 속에서 삼성은 비메모리 분야에 엄청난 투자를

· · · · · ·

시작했다.

우선 비메모리 사업부인 SLSI사업부 조직을 대대적으로 보강해, 사업부장이 사장급으로 격상하면서 수많은 핵심인재를 영입했다. 기술력 제고를 위해서라면 적과의 동침도 마다하지 않았고 전략적인 기술제휴를 펼치는 등 총력전을 폈다.

그리고 메모리 반도체 시장에서 얻은 자신감과 끈질긴 도전의식을 바탕으로 마침내 세계 시장을 선도하는 제품들이 탄생하기 시작했다. 그 중에서도 디스플레이용 반도체인 DDI(Display Driver IC) 개발은 삼성의 저력을 다시 한번 확인하는 명품으로 각광을 받았다.

DDI는 SLSI사업부의 캐시카우(cash cow) 역할을 담당하는데, 2002년 이후 세계 최정상을 달리는 제품군으로 급부상해 시장점유율 기준 세계 1위에 올랐다.

그러나 2004년 초부터 갑자기 디스플레이 시장이 악화되기 시작하면서 상황이 불리하게 전개되었다. 디스플레이 시장이 워낙 뜨겁게 달아올라 있었던 탓에 경쟁사들로부터 사활을 건 도전을 받았고, 이에 따른 출혈 경쟁의 여파로 매출과 수익성 면에서 모두 악화일로를 걷게 된 것이다.

· · · · ·

발상의 전환이 가져온 아이디어 | 그 동안 효자상품 개발로 말

미암아 어깨에 힘주고 다녔

던 DDI 개발팀에 비상이 걸렸다. 전체 사업부가 기대와 우려에

찬 시선으로 그들을 주목하는 가운데, 어떻게든 새로운 탈출구

를 모색해야만 했다. 모든 팀원이 머리를 맞대고 밤낮으로 아이

디어를 쥐어짜내야 했다. 하지만 별다른 대안이 마련되지 못한

채 안타까운 시간만 흘러가고 있었다.

왜냐하면 DDI 개발팀에서는 이미 적용공정의 디자인 룰

(design rule)을 최소화하는 방법으로 칩 사이즈(chip size)를 줄여

왔는데, 이 방식으로는 이미 최고의 정점에 다다른, 따라서 그

'한계' 가 분명하게 드러난 상황이었다.

DDI 제품의 프로젝트 리더로서 개발팀을 이끌고 있던 김영민

(가명) 수석은 막다른 골목에 몰려 답답한 가슴만 쓸어내리고 있

었다. 그리고 여러 가지 상황을 면밀하게 검토하면서 거듭되는

좌절과 맞서 싸워야 했다.

그러던 어느 날 연구소 창 밖을 무심코 내다보고 있던 김 수석

의 머릿속에 번뜩이는 아이디어가 떠올랐다. 몇 년 전 연수원에

서 배운 '발상의 전환' 교육을 생각해 낸 것이다.

· · · · · ·

'그래, 바로 그거야. 엉뚱한 생각을 해보는 거야. 뒤집어보고, 거꾸로 생각해 보는 거야!'

이내 김 수석의 얼굴에 생기가 돌면서 재미있는 상상이 이어 졌고 흥미로운 게임 등 기발한 아이디어를 모색하기 시작했다.

'지금 상황에서 경쟁사 제품보다 가격경쟁력에서 우위를 점하 려면 회로기술 혁신이 있어야 해. 이를 통해서만 칩 사이즈를 최 소화할 수 있지. 그래야만 칩 수량(net die)을 최대화할 수 있어!'

김 수석은 드라이버(driver) 구동전압을 구현하는 전통적 방식 (high voltage 및 low voltage 이용)으로는 승부를 걸 수 없다는 판단 을 내렸다. 그리고 '발상의 전환'을 통해 전혀 새로운 방식인 미 디엄 볼티지(medium voltage) 이용을 제안했다. 그러나 기존 전통 적인 방법을 고집하는 설계자들의 강력한 저항에 부딪히고 말았 다. 오랜 시간에 걸쳐 최고의 성능을 발휘한, 이미 검증된 방법 이기 때문에 전혀 하자가 없다는 논리였다. 이에 김 수석은 다시 한번 고민에 빠질 수밖에 없었다.

설계자들 특유의 아집은 쇠뿔보다 강하다는 사실을 김 수석 은 너무나 잘 알고 있었다. 그 또한 설계자 출신이었기에, 설계 자들이 갖고 있는 자부심을 무너뜨리기가 정녕 어려운 노릇이었

· · · · ·

다. 시간은 없고, 갈 길은 멀고…. 정말 답답한 상황에서 갈증만
더해갔다.

산장의 브레인스토밍 | 어느 날 김 수석은 연구소 바깥세상으
로 나가고 싶다는 생각이 들었다. 답답
한 곳을 훌쩍 떠나 신선한 공기라도 마시며 머릿속을 정리하고
픈 욕구가 강하게 몰려왔다.

'그래, 모든 팀원과 1박 2일쯤 어디로든 떠나보자.'

담당임원에게 특별한 리프레시 미팅을 하고 돌아오겠다는 허
락을 받고, DDI 개발팀은 산으로 떠났다. 물론 팀원들은 산행에
적극 찬성했다. 사전에 계획했거나 공식적으로 정해진 일정도
없었다. 발길 닿는 대로 떠나는 여행은 홀가분했고, 새로운 전기
를 마련할 수 있는 자극이 되었다. 서로 부담 없이 이런저런 얘
기들로 시작해서 진지한 대화가 이어졌는데 시간 가는 줄 몰랐
다. 이윽고 밤이 깊어지자 대화의 주제는 자연스럽게 김 수석이
제안한 새로운 방식의 회로설계로 이어졌다. 평소 그를 형님처
럼 따르던 이영호(가명) 선임이 분위기를 이끌었다.

· · · · ·

"자, 자, 여러분! 오늘 이 분위기 얼마나 좋습니까? 그래서 하는 말인데, 형님이 제안한 회로설계안에 대해 모두가 다시 한번 생각해 봅시다! 사장의 브레인스토밍 어떻습니까? 제가 서기를 맡겠습니다. 기록하는 일은 제 전공 아닙니까? 하하."

날이 밝아올 때까지 김 수석이 내놓은 제안에 대한 세부적인 토론과 아이디어가 브레인스토밍을 통해 쏟아지고 있었다. 하지만 김 수석은 절대 나서지 않았다. 그저 팀원들이 열심히 토론할 수 있도록 분위기를 만들어주었고, 출출해하는 팀원들을 위해 팀에 합류한 지 얼마 안 되는 햇병아리 박 연구원과 함께 라면을 끓이기 시작했다.

그러던 중 새로운 기술적 테스트 칩을 이용한다는 획기적인 방법을 찾기에 이르렀다. 팀원들은 환호성을 지르며 김 수석이 제안한 새로운 방식을 검증해 보자는 결론을 내렸다.

회사로 돌아온 팀원들은 새 프로젝트에 악착같이 달려들었고, 테스트 칩을 갖고 시도하는 새로운 방식의 설계에 도전했다.

결국 미디엄 볼티지를 활용한 새로운 방식의 설계로 칩 사이즈를 획기적으로 줄여 칩 수량을 1.7배까지 증가시킬 수 있었다. 그야말로 대박을 터뜨린 셈이다. 이는 곧 신제품에 적용할

. . . . .

수 있었다. 또한 현재에도 삼성의 DDI가 경쟁사보다 앞선 가격 경쟁력을 갖추게 된 결정적인 계기로 작용했다.

지금도 팀원들은 당시 산장에서 김 수석이 끓여준 라면 맛을 도무지 잊을 수가 없다고 입을 모은다. "어떤 회사의 라면이었는지는 기억나지 않지만 그 맛만큼은 평생 잊을 수 없는 일품 요리였다"라고 말이다.

* * * * *

2
고양이 목에 방울을 달아라

김 차장의 남모를 가슴앓이 ┃ 삼성전자 반도체 사업부에서 연구개발부서 지원업무를 담당하고 있는 김근재(가명) 차장. 그에게는 오래 전부터 남모를 고민이 하나 있었다. 연구원들의 성공을 직·간접으로 지원하면서 나름의 보람을 느끼는 김 차장이었지만 기술자료들의 효율적인 관리 시스템 정착이 매끄럽지 못한 데 그의 고민이 있었다. 세계 최고의 기술력을 자랑하며 반도체 산업을 선도하는 최첨단 기술개발의 산실에서, 관련 기술자료의 축적이 체계적으로 관리되지 못하는 실정이었다.

사실 10여 년 전부터 수많은 개발관리 시스템(Development Management System)을 연구개발 부문에 투자·운영해 왔으나 큰

· · · · · ·

27

효과를 보지 못한 상태였다. 김 차장은 이들 문제점을 끊임없이 제기하면서 새로운 시스템 도입을 강력하게 주장했다. 그와 같은 노력의 결과 2002년 3월 최고경영진이 김 차장의 의견을 전격적으로 수용하기에 이르렀다. 사용자의 편의성이 한층 강화된 제품개발 매니지먼트 시스템(Product Development Management System)을 도입하기로 결정한 것이다.

새로운 시스템 도입 초기부터 강력한 권한을 위임받은 김 차장은 곧바로 현업 실무자 중심의 태스크 포스팀(task force team)을 구성한 후, TF 멤버들과 기존 반도체 사업부 연구개발 프로세스를 조사해 문제점을 개선하는 방법론 구축에 매진했다. 아울러 수 차례 회의를 갖고 연구개발 프로세스의 현상분석을 위해 버텀 업(buttom-up) 방식으로 접근해야겠다는 결론을 얻었다. 또한 연구개발 업무에 대한 설문조사를 실시했는데, 이를 근거로 각 개발 프로세스에 대한 흐름도 작성은 인터뷰 기법을 통해 수행하기로 했다.

2002년 5월까지는 현업에서 근무하는 엔지니어들과 도출된 문제점 및 요구사항을 분석했다. 더군다나 기존 불량분석 보고서에서 도출한 사고사례 분석을 기초로 개선방향을 정립하는 등

순탄한 행보가 이어졌다. 그러나 현업 엔지니어들의 요구사항을 모두 수용할 수 있는 제품개발 매니지먼트 시스템의 선택 문제가 마지막 난관으로 남게 되었다.

이에 김 차장은 사내 전문가, 컨설턴트, 현업부서장 등 관련자들과 여러 차례에 걸쳐 협의시간을 가졌다. 이 자리에서 각종 제품개발 매니지먼트 시스템을 비교·분석하는 등 각고의 노력이 이어졌지만 아쉽게도 TF팀 멤버들 간 이해가 엇갈려 뚜렷한 결정을 내리지 못한 채 아까운 시간만 하염없이 흘러가고 있었다.

경쟁사 벤치마킹을 위한 끊임없는 도전

야심차게 출발한 첫 발걸음부터 난관에 부딪힌 꼴이었다. 김 차장은 문제해결을 위한 고민을 거듭하던 중 모든 멤버의 마음을 하나로 모으는 데 유용할 것으로 보이는 경쟁사 벤치마킹 기법을 제시했다. 김 차장의 엉뚱한 제안에 모두들 놀라워하면서도 환영의 뜻을 내비쳤으나, 김 차장의 희망대로 경쟁사 벤치마킹이 가능할지 아무도 장담할 수 없었다.

김 차장이 제시한 아이디어는 분명 효과가 있어 보였지만, 반

· · · · · ·

29

도체 부문의 치열한 경쟁사인 미국 I사, 일본 N사 등을 벤치마킹 대상으로 선정하고 해당 업체와 접촉을 시도하는 일 자체가 무모한 도전임에 틀림없었다. 누가 고양이 목에 방울을 달겠는가?

그러나 김 차장은 그 방법 말고는 다른 대안이 없다고 판단하고 과감한 도전에 나섰다. 팀원들은 경쟁사들의 현황과 이것저것 필요한 자료들을 꼼꼼히 정리하면서 수집한 자료들을 철저하게 분석해 나갔다. 이를 바탕으로 구체적인 대책을 마련한 다음, 얼굴에 철판을 깔고 경쟁사들과 접촉을 시도했다.

하지만 모두가 예상한 것처럼 김 차장의 벤치마킹 요청에 미국 I사, 일본 N사는 한결같이 냉담한 반응을 보이며 부정적인 답변만 들려주었다. 그러나 김 차장은 쉽게 포기하지 않았다. 오히려 자신의 능력을 테스트해 볼 수 있는 좋은 기회라고 생각했다. 그러자 마음 속으로부터 강력한 오기가 생겨났다.

김 차장은 벤치마킹 대상 업체와 관련 있는 여러 인맥을 점검했다. 그리고 미국의 I사를 도전해 볼 만한 타깃으로 삼아서 공략하기로 마음을 굳혔다. 국내 에이전트 인맥과 다양한 채널의 인맥을 모두 동원해 I사와의 접촉을 시도했으나 결과는 역시 부정적이었다.

국내에서 일을 진행하는 데 한계를 절감한 김 차장은 자신이 직접 미국으로 건너가 부딪혀보기로 결심했다. 미국에서 지역 전문가로 1년 간 활약한 바 있는 경험만 믿고 무작정 미국행 비행기에 몸을 실었다.

I사 담당자의 사무실과 집은 물론이고 그 담당자가 있는 곳이면 어디든지 김 차장이 나타나 담당자를 졸라댔다. 지칠 줄 모르는 김 차장의 정열과 도전에 I사 담당자는 혀를 내둘렀다. 마침내 김 차장의 정성에 탄복한 I사 담당자는 손을 들었고, 귀국길에 오르는 김 차장의 손에는 미국 I사를 벤치마킹해도 좋다는 메시지가 들려 있었다.

김 차장의 끈질긴 도전의 결과 삼성전자 반도체 사업부는 미국 I사를 벤치마킹할 수 있었다. 그리고 자사의 실정에 맞는 최적의 제품개발 매니지먼트 시스템을 선정 · 도입하게 되었다. 이 시스템은 현재 삼성전자 반도체 사업부에서 진행되는 모든 연구개발 활동에 필요한 기간(基幹) 시스템으로 자리잡았다. 또한 시스템 업그레이드 작업까지 끝마친 후 사용자 편의성을 증대시킨 결과, 2003년 이후 해당 제품개발 매니지먼트 시스템에 사용자 접속 건수 181% 증가, 기술문서 등록률 527% 증가, 각종 의뢰서 발행에서 219% 증가하는 등 눈부신 성과를 보이고 있다.

· · · · · ·

3
나무보다는 숲을 보아라

소신파 리더가 회사를 구한다 │ 삼성전자 반도체 총괄사업부에
근무 중인 이석진(가명) 부장.
그는 품질과 신뢰성 분야에서 자타가 공인하는 최고의 전문가로
알려져 있다. 이 부장은 엔지니어로서의 자질을 갖추었음은 물
론이고 주변 사람들에게 인간적인 호감을 주는 소신파 리더로
더욱 잘 알려진 중간간부다.

반도체 제품 생산의 결정적인 열쇠를 쥐고 있으면서, 새로운
공정의 품질과 신뢰성을 책임지고 있는 이 부장은 1995년 삼성
전자에서 전략적으로 추진한 'M 프로젝트'의 멤버로 차출되었
다. 당시 M 프로젝트는 그룹의 전폭적인 지원을 받으며 진행되
었다. 이 프로젝트를 위해 차출된 멤버들은 각 사업 부문에서 중

· · · · ·

추적인 역할을 맡고 있던 핵심인재들이었다.

이 부장 역시 최첨단 기술의 산실에서 새로운 기술과 수많은 전쟁을 치러온 베테랑이었다. 그러나 M 프로젝트는 규모와 기술적인 면에서 그 어느 프로젝트와 비교할 수 없는 거대 사업이었다. 초기 계약서 검토 및 도입기술 제품에 대한 평가를 맡게 된 이 부장은 자신에게 주어진 중책에 고민하지 않을 수 없었다.

만에 하나 문제라도 생기면 M 프로젝트에 투자된 천문학적인 비용손실을 회사가 감수해야 되었기에 엄청난 부담감이 마음을 짓눌렀다. 만약 일이 잘못되면 해당 분야에서 최고 전문가라고 평가하는 주변 사람들의 기대가 무너짐과 동시에 회사가 큰 어려움에 빠질 수도 있는 프로젝트였다. 더군다나 전혀 새로운 기술 도입이었기 때문에 자문을 구할 수도 없는 상태였다. 그야말로 외로운 자기 자신과의 싸움이 시작된 것이다.

자문을 쉽게 구할 수 없는 신기술을 도입하면서 겪는 문제가 수도 없이 많았지만 그 중에서도 이 부장이 잊을 수 없는 사건이 하나 있다.

기술을 도입한 지 3년째 되던 해, 그 동안 기술도입에 투자한 비용이 있기에 사내를 비롯한 그룹 차원에서도 이제는 뭔가 가시적인 성과를 보이라는 요구가 빗발쳤다. 결국 M 프로젝트 팀원들의 노력의 결실로 시제품이 나오게 되었는데 제품에 대한 특성과 신뢰성 검증만 끝나면 고가에 판매될 수 있는 고부가가치 제품이었기에 주변의 관심이 아주 높았다.

우여곡절 끝에 제품승인이 완료되었지만, 문제는 안정적인 제품이라고 판단하기 어려운 데 있었다. 당시 사내에 마련된 평가기준에 따르면, 그냥 출시하더라도 하자가 없는 상황이었다. 그러나 이 부장은 자신의 엔지니어적인 감각에 비추어봤을 때 새로운 검증방법이 필요하다고 판단했다. 그는 독자적으로 여러 가지 방안을 강구하던 중 새로운 선별 공정을 추가하기로 결정하고 이를 해당 부서에 통보했다. 그런데 여기에서 문제가 발생했다. 이 부장이 마련한 새 기준을 따른다면 한 개에 수십만 원이 넘는 멀쩡한 제품을 몇백 개씩 폐기해야 하는 상황이 전개될 것이 분명했다.

프로젝트 팀 내부의 반대도 만만치 않았고 관련 부서와 상사의 압력도 거셀 수밖에 없었다. 기존의 규정에 따라 진행해도 문제가 없는데, 굳이 새 기준을 적용해야 하느냐는 의견이었다. 시

· · · · · ·

장에서 요구하는 고부가가치 제품에 대한 공급 차질이 발생하면 기회를 잃을 수밖에 없는 상황이었기에 충분히 예상할 수 있었던 반대 의견이었다.

물론 또 다른 검증을 통하지 않은 채 그대로 출하하더라도 기존의 기준에 따르면 문제가 되지 않기 때문에 못 이기는 척하며 출하해도 아무 상관이 없었을 것이다. 그러나 '신기술이 처음 접목된 제품을 그렇게 출하할 수는 없다'는 소신을 갖고 있던 이 부장은 경쟁사의 관련 자료를 구하기 시작했다. 그러자 소속 팀원들이 이 부장의 입장을 전해 듣고 그를 찾아왔다.

"부장님! 저희들은 부장님을 믿습니다. 저희가 도와드리겠습니다. 말씀만 하세요!"

눈앞의 이익보다는 미래의 신뢰를 확보 팀원들의 성원은 이 부장에게 큰 힘이 되었다. 마치 천군만마를 얻은 기분이었고 힘이 솟아오르는 순간이었다. 자신들의 일도 바쁠 텐데 이렇게 선뜻 나서주다니 고마운 친구들이었다.

· · · · · ·

경쟁사의 관련 자료를 살펴보니 여러 가지 문제점이 드러났다. 업체들의 시행착오와 그로 인해 발생한 피해 사례 등 다양한 자료를 얻었고, 향후 예상되는 치명적인 문제점들을 꼼꼼히 정리할 수 있었다. 이 부장은 관련 부서 합동 대책회의를 통해서 자신의 소신을 관철시켜 볼까도 고민했지만 당장 돈 되는 일을 포기해서는 안 되며, 신제품 출하시기를 놓치면 막대한 손실이 뒤따른다는 기회 선점의 논리가 워낙 강해 승산이 없었다.

지체할 시간이 없었기 때문에 우선 자신의 입장을 가장 잘 이해 할 수 있는 사람들부터 설득해 나가기로 작전을 세웠다. 일단 평소 친하게 지내던 사람들부터 한 명씩 만나 설득했다. 이윽고 그를 돕겠다는 원군이 한 사람씩 나타나자 이 부장은 더욱 자신감이 생겼다. 밥 먹는 일조차 잊은 채 1주일 동안 열심히 주변 인사들의 설득 작업에 나섰다. 물론 반대 여론이 높은 사안이라 쉽게 해결되리라고 생각하지는 않았지만 쉽게 멈추거나 포기할 수 없었다. 이 같은 이 부장의 적극적인 노력에 힘입어 M 프로젝트를 책임지고 있는 담당임원의 마음이 움직였다. 그 동안 반대 입장에 서서 침묵하던 담당임원이 이 부장의 생각을 이해하기 시작했고, 종국에는 적극적으로 나서 이 부장의 편이 되어주었다.

．．．．．．

평소 성실하게 쌓아두었던 상사와의 신뢰가 큰 힘을 발휘하는 순간이었다. 담당임원의 지원 덕분에 소그룹별 관련 부서 담당자 회의를 통과할 수 있었다. 그리고 마침내 이 부장이 세운 기준에 따라 프로젝트를 진행하기로 결정되었다.

새로운 기준을 적용함에 따라 예전에 미처 드러나지 않았던 큰 문제들이 속속 그 모습을 드러냈다. 만약 새로운 기준을 적용하지 않은 채 제품을 출하했더라면 고객들의 엄청난 항의가 들어왔을 것이다. 시장에서의 신뢰가 땅에 떨어질 수도 있는 아슬아슬한 순간이었다. 새로운 문제점들에 대한 보완과 개선은 팀원들을 하나로 뭉치게 만들었다. 그리고 이렇게 강력한 팀워크로 다져진 뜨거운 열기는 드러난 문제점을 해결하는 데 큰 도움이 되었다. 이 부장의 소신이 신기술을 한 차원 높게 승화시키는 계기가 되었고, 높았던 불량률을 현저히 낮추었다. 두말 할 것도 없이 이런 결과는 수율 향상으로 이어졌다. 물론 시장에서의 반응 역시 뜨거워 기대 이상의 성공을 거두게 되었다. 높은 수준의 품질과 시장에서의 신뢰성을 바탕으로 확보된 새로운 공정기술은 그 후 회사의 주력공정으로 자리잡았으며, 현재의 삼성 반도체를 있게 만든 결정적인 공정기술의 뿌리가 되었다.

· · · · · ·

앞에서 소개한 내용은 관례에 따라, 또는 기존의 기준에 따라 그냥 지나칠 수 있는 문제를 획기적으로 개선한 사례다. 자칫 회사에 손실을 가져다 줄 수 있는 작은 가능성까지 염두에 두고서 그 대안을 강구하여 끝까지 인내하고, 만리장성처럼 높은 반대 논리를 넘어선 이 부장의 소신과 리더십은 삼성의 중간간부들 사이에서 오랫동안 회자되는 얘기로 남아 있다.

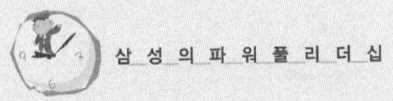

삼성이 원하는 핵심인재의 유형

어느 기업보다도 한발 앞서 인재경영에 전력을 기울이고 있는 삼성그
룹은 핵심인재 확보에 대한 전략과 전술이 남다르다. 그렇다면 도대
체 삼성이 원하는 핵심인재상은 무엇일까?

이에 대해 삼성경제연구소는 다음과 같은 정의를 내렸다.

"핵심인재란 회사의 미래 수종(樹種) 사업이 될 분야에서 최고의 전
문성과 능력을 지닌 사람, 또는 경영성과 창출에 핵심적인 역할을 하
는 사람이다."

삼성은 핵심 인재를 S급, A급, H급으로 분류하고 있다.

S급 인재는 높은 잠재능력을 갖고 있으며, 실제 업무에서도 뛰어난

(Super) 성과를 올리는 인재로서 그야말로 초특급 핵심인재다.

A급 인재란 S급보다는 못하지만 역시 뛰어난 성과와 능력을 지닌 사람(Ace)으로, 회사측에서 특별한 처우를 해주며 관리하는 핵심인재다.

H급 인재란 지금 당장 성과로 검증되지는 않았지만 높은 잠재력을 지닌 인재를 뜻한다. 세계적인 초우량기업 GE가 특별한 소수의 인재들을 하이 퍼텐셜(High Potential)이라고 부르며 별도 관리한 데서 따온 말이다.

인사팀에서는 앞으로 뽑아야 할 핵심인력 5만여 명을 데이터베이스를 통해 관리하며, 현업의 담당임원들과 지속적으로 정보를 공유하면서 주기적으로 의견을 교환한다. 또한 입사권유를 위해 동원해야 할 인맥, 접촉현황, 입사 가능성 여부, 진척 상황, 입사 예상시점 등을 체크리스트로 만들어 활용하는 등 정교한 채용전략을 구사하고 있다.

4
정상을 향한 발빠른 행보

우리에게 불가능은 없다 │ "3년 안에 세계 최고의 채널 칩을 개발하겠습니다."

비메모리 반도체 분야의 위상 강화와 매출증대 및 효자상품 개발을 위한 전략적 특별 프로젝트팀이 중장기 사업계획을 발표하는 자리에서 채널팀장은 당당하게 호언장담했다. "우리에게 불가능은 없다"라고 외친 채널팀장은 삼성의 핵심인력 채용 프로젝트의 일환으로 영입된 인물이었다. 그 자리에 참석한 김임수(가명) 과장과 팀원들에게 팀장의 발언은 충격이었다. 사실 채널 분야는 시간과 노력만으로 되는 연구가 아니다. 천재적인 수학 능력을 바탕으로 특수 알고리즘을 개발하는 것이 핵심기술이다. 선진국보다 10년이나 늦게 출발한 채널팀이 변변한 전문 인력도

· · · · ·

43

갖추지 못한 상태에서 3년이란 시간 안에 세계 최고의 채널 칩을 개발하겠다는 공약은 누가 보더라도 불가능한 일이었다. 채널팀장의 말에 모든 팀원의 안색이 하얗게 질렸고 더군다나 공개적인 자리에서 도무지 불가능해 보이는 팀의 비전이 공표되자 이를 걱정하는 분위기가 팽배했다.

사업부장 역시 세계 최고라는 말에는 만족스러움을 보였지만, 성급하게 연구에 뛰어들지 말고 기초부터 잘 다진 후 5년을 목표로 최선의 노력을 기울이라는 격려의 말을 들려주었다. 그로부터 3년의 시간이 흐른 지금, 김 과장은 당시의 기억을 떠올리며 숨가쁘게 달려온 지난 세월을 회상하고 있다.

3년 전 국내뿐 아니라 해외에서도 채널 분야에는 어느 누구도 섣불리 뛰어들지 못했다. 그리고 불과 1년 전만 해도 채널팀의 입지는 존폐가 거론될 만큼 불투명했다. 그러나 현재는 세계 최고라고 자부할 만한 채널 분야 전문가 30여 명이 모여 막강한 위용을 자랑하고 있다.

현재 채널팀에서는 자체 개발한 세계 최고 성능의 채널 칩 시판을 앞두고 흥분된 마음을 감추지 못한 채 분주한 하루를 보내고 있는 중이다.

· · · · · ·

김 과장을 비롯한 모든 팀원이 초기에는 막연하고 끝이 안 보이는 해당 분야의 업무 때문에 많은 스트레스에 시달려야 했다.

그러나 채널팀장의 생각은 달랐다. 그는 자신감과 투지가 대단한 인물이었고 거침없는 기세로 철도 위를 달리는 기관차처럼 우직한 자세로 팀원을 이끌었다. 채널팀장의 추진력을 지켜보던 주위 사람들은 그를 독특한 인물이라고까지 평가했다. 채널팀장은 그 분야에서 손꼽히는 인재였지만 혼자서는 대형 프로젝트를 도저히 감당할 수 없는 노릇이었다.

팀원들의 70%가 경력 사원인데다 모두들 한 가닥씩 하는 전문가들이었다. 즉 엔지니어로서의 기질과 개성이 강한 사람들이었기 때문에 서로 융화하기 어려웠다. 서로 이해하는 마음의 여유도 없었다. 그저 목표를 향해 앞으로 나아갈 뿐이었다.

시간이 흐를수록 팀원들은 지쳐갔고 불만의 목소리가 여기저기서 터지기 시작했다.

그러던 어느 날 오랫동안 삼성의 기업문화에 젖어 있던 팀원들이 새로 부임한 팀장의 돌격대식 관리방식에 적응하지 못한 채 부서를 옮기거나 퇴사하는 일이 벌어졌다. 그들은 결국 심적 부담을 견디다 못해 다른 길을 찾아 떠난 것이다. 그러나 이런

· · · · ·

대형 사고에도 팀장은 개의치 않았다. '가는 사람 안 잡고, 오는 사람 안 막는다'는 생각과 '같은 팀원이라면 주인의식을 갖고 최선을 다해야 한다'는 의지를 갖고 있었기 때문이다. 마음 떠난 사람은 주인의식을 갖고 연구개발에 매진할 수 없다고 팀장은 판단했다. 팀의 분위기는 이후 더욱 냉랭해졌다. 이런 상황에서 김 과장이 할 수 있는 일은 별로 없는 듯 보였다.

경력으로나 직급으로나 김 과장은 팀원들의 선배였지만 팀원들 역시 각자 분야에서 만큼은 국내 최고의 전문가였기 때문에 업무상 김 과장이 관여할 내용은 많지 않았다. 팀의 분위기는 그저 각자가 맡은 분야에서 주어진 연구를 묵묵히 수행할 뿐, 서로를 알려고도 또 그럴 필요조차 없다는 식이었다. 식사나 회식 역시 형식적인 자리에 그쳤고, 그나마 참석조차 하지 않는 팀원들도 있었다.

팀장은 너무 요원한 비전을, 아니 비현실적으로 느껴지는 비전을 제시하며 그것을 팀원들에게 강조했다. 팀장의 일방적인 연설은 팀의 의사소통을 가로막는 주요 원인으로 작용했고 무엇보다 팀원이 동조하지 않는 팀장의 외침은 공허한 구호나 잔소리에 지나지 않았다.

대부분의 팀원이 다른 곳에서 근무해 본 직장경력이 있었다. 더 나은 환경과 자신의 미래를 찾아 삼성에 입사한 그들의 전력으로 보아 그들은 충분히 또다시 다른 곳으로 떠날 수 있는 사람들이었고 실제로 몇몇 사람은 삼성을 떠나기도 했다.

산으로 가는 배 | 배는 분명히 산으로 가고 있었다. 중간간부의 자리에 있던 김 과장은 위기의식을 느끼지 않을 수 없었다. 이대로 팀을 방치했다가는 붕괴될지도 모른다는 생각에 어떻게 하면 완벽한 팀워크를 갖춘 조직으로 거듭날 수 있을지 고민했다. 그리고 어지러운 난국을 슬기롭게 헤쳐 나갈 방법을 고민했다. 우선 김 과장 스스로 마음의 문을 열고 무조건 팀원들 곁으로 다가가기로 결심했다. 처음에는 왠지 어색하고 부자연스러웠으나 팀원들과 함께 어울려 식사를 했다. 그리고 축구도 열심히 했다. 축구뿐 아니라 농구, 탁구, 족구 등도 하면서 팀원들의 마음 속에 서서히 파고들었다. 시간만 허락하면 그들과 함께 땀 흘리며 온몸으로 부딪혔다. 그 결과 팀원들과 자연스럽게 가까워질 수 있었다. 그러면서 팀원들의 고민과

· · · · · ·

47

생각을 전해들을 수 있었는데 팀원들의 얘기를 열심히 들을수록 김 과장은 그들의 심정을 조금씩 이해할 수 있었다. 이때부터 김 과장의 마음 속에 팀원과의 공감대가 형성되었다. 이후 김 과장은 중간간부 입장에서 축구팀의 허리 역할을 열심히 수행했다. 팀장의 입장도 대변하고 팀원들의 입장도 대변하며 어느 한쪽으로 치우침 없이 서로의 마음을 하나로 만들고자 노력을 기울였다. 김 과장은 팀원들을 격려하고 이끌며 최적의 위치로 공을 배급하기 위해 코칭 리더십을 발휘해 나갔다. 그러자 팀 분위기는 급속도로 개선되기 시작했다.

예전에 감명 깊게 본 베트남전쟁 영화에는 이런 장면이 나온다. 치열한 전투 현장에 놓인 한 소대. 소대장은 부하들에게 다음과 같은 말을 들려주었다.

"내가 여러분을 안전하게 고향으로 돌려보낼 수 있다고 약속할 수는 없다. 그러나 한 가지만은 분명히 약속한다. 나는 이번 전투에서 가장 먼저 적진을 향해서 나아가고 제일 나중에 후퇴하는 사람이 되겠다. 나를 믿고 최선을 다해 싸우자. 그리고 우리 모두 고향으로 돌아갈 수 있도록 하자."

아름다운 링커, 발빠른 드리블 　김 과장의 모습은 마치 소대
원들을 격려하고 지지하며 전
장의 선봉에 선 소대장과 같았다. 김 과장은 팀장과 쉽게 화합
할 수 없는 팀원들과의 가교 역할을 했다. 물론 처음부터 얘기
가 잘 풀린 것은 아니다. 서로 오해가 생겨 종종 대화의 진척이
힘들었지만, 일에 열정을 품고 진심으로 도전하는 김 과장의 태
도에 팀장도 마음의 문을 열기 시작했다. 팀장과 격의 없는 대
화가 계속되었다. 그리고 많은 대화를 통해서 김 과장은 팀장의
마음과 입장을 이해할 수 있었다. 사실 팀장의 마음도 불안하기
는 마찬가지였다. 미래를 예측할 수 없는 경영 환경 아래서 이
루기 힘든 도전 목표가 늘 스트레스로 작용한 것이다. 외로운
싸움을 벌이고 있는 팀장의 고충을 김 과장은 충분히 이해할 수
있었다.

마침내 팀장의 업무 방침과 팀의 비전을 모든 팀원이 공감할
수 있도록 하는 데 김 과장이 앞장섰다. 전쟁터에서 소대원을 격
려하는 소대장처럼 말이다. 수많은 업무를 맡아 열심히 뛰면서
교통정리를 했다. 특히 김 과장은 정확한 방향과 목표가 정해질
때만 팀원들에게 업무를 분배하고, 귀찮게 느껴지는 사소한 일

· · · · · ·

49

들은 자신이 직접 도맡아 처리했다. 또한 많은 정보를 얻고자 자신이 가동할 수 있는 모든 채널을 열어두고 새 정보들을 실시간으로 받아들였다. 그리고 팀을 비롯해 회사와 실제 현장의 상황을 파악할 수 있도록 팀원과 팀장에게 정보를 수시로 제공하자 모두들 반응이 좋았다.

3년의 시간이 지난 지금 그들이 서로를 100% 이해하고 비전을 공감하는 것은 아니지만 분명한 변화가 생겼다. 직급과 경력을 떠나 서로 존중하고 다양성을 인정하는 팀으로 거듭난 것이다. 그러나 무엇보다도 중요한 사실이 있다. 즉 팀원들이 서로 한가족처럼 생각하고 팀워크를 중시하는 가운데 팀에 활력이 넘치고 있다는 점이다.

권위만 내세우는 조직과는 달리 자유로운 사고와 다양성을 인정하는 분위기가 창출되었다. 이런 분위기라면 서로 좋은 아이디어를 공유할 수 있고 이를 통해 새로운 기술을 개발할 수 있을 것이다. 그 동안 채널팀은 무수히 많은 특허를 출원하는 개과를 올렸다. 새로 채택된 알고리즘을 통해 팀은 정상을 향한 질주를 하게 되었다. 해체될지도 모르는 절체절명의 위기에서 벗어나 채널팀이 새롭게 거듭날 수 있었던 바탕에는 김 과장의 돋보이

· · · · · ·

는 코칭 리더십이 있었다.

더욱 놀랄 만한 일은 채널팀이 얼마 전 개발한 채널 칩이 단한 번 만에 완벽하게 작동하는 쾌거를 이룬 점이다. 이를 계기로 팀의 기술적인 가능성이 사내외로부터 인정받게 되었다. 채널팀은 그 여세를 몰아 새로운 기술을 창출하고자 전력을 다했고, 그 결과 새로 개발한 채널 칩이 세계에서 가장 뛰어난 성능과 품질을 자랑하는 제품으로 우뚝 서게 되었다. 현재 도처에서 이 제품을 구입하기 위해 아우성인데 재고물량이 부족한 탓에 제품을 제때에 조달할 수 없는 상황이지만 모두들 즐거운 비명이다.

'인간에게 저지를 수 있는 모든 학대 중에서 가장 나쁜 일은 마음을 헐뜯는 것이다' 라는 말이 있다.

그러나 마음의 문을 열고 대화함으로써 상호간 공감이 형성되면 이 모든 오해가 불식된다. 한 가지 목표를 정하고 모든 팀원이 그것을 향해 한마음으로 매진한다면 아무리 힘든 역경이 엄습하더라도 극복할 수 있으며 그 목표에 성큼 다가갈 수 있다. 채널팀의 경우 김 과장의 노력이 있었기에 허물어진 팀워크가 새로이 구축될 수 있었다. 아름다운 링커 김 과장의 발빠른 드리볼은 오늘도 멈추지 않고 계속된다.

* * * * * *

5
TEAM의 진정한 의미

함께 모여서 모두가 조금씩 더 이루어내는 것 | 기업 내에 구축
된 각 조직은 다
양한 사람들이 모여서 한 가지 목표 달성을 위해 끊임없이 도
전하는 하나의 단위다. 신입사원, 중간간부, 경영진의 이해관
계가 얽혀 있기 때문에 불협화음이 나기도 하고 상호간 관계
개선이 필요한 일도 생기게 마련이다. 조직 내에 불거진 불협
화음을 조율하고 소원해진 직원 사이의 관계개선을 도모하는
일이 중간간부의 역할이다. 각 부서에서는 중간간부가 어떤 역
할을 해주느냐에 따라 부서의 분위기가 사뭇 다르게 나타난다.

또 회사가 잘 돌아갈 수 있는 데에는 사원들의 능력도 중요하
지만, 잘 갖춰진 시스템이 성과를 크게 좌우한다. 일반적으로 생

• • • • •

산관리 부서는 생산계획을 수립하고 그것에 따라 생산에 차질이 없도록 총체적으로 관리하는 역할을 하는데, 생산계획을 수립하는 시스템은 무척 중요한 도구다.

문윤호(가명) 부장은 신입사원 시절부터 생산계획을 담당해 오고 있다. 그가 맡은 생산계획이란 매월 OUT 수량을 제품별로 수립해서 생산 부문에 배포하면 생산 부문은 OUT 계획을 달성하기 위해 적절한 투입(IN)을 자체적으로 진행하여 목표를 달성해 나가는 것이다.

이런 OUT 개념의 생산계획을 수립해 온 지 5~6년 정도 지났을 무렵 경기도 기흥에 자리한 본사로부터 새로운 생산계획 시스템(GPS)을 적용할 예정이니 준비하라는 지시가 내려왔다. GPS 생산계획 시스템은 기존의 OUT 개념이 아니라, 선진 반도체 시스템인 IN 개념의 계획 시스템이다. 선진 시스템이라고 하니 기대도 되었으나 한편으로 많은 부분이 변화되어야 하는 어려움도 예상되었다.

문 부장의 부서에도 GPS 시스템이 도입되기로 결정이 내려졌다. 그러나 시스템 도입을 위한 설명회와 셋업 과정에서 여러 가지 문제점이 불거져나왔다. OUT에서 IN이라는 개념의 변화는

. . . . .

54

TEAM LEADERSHIP OF SAMSUNG

생산관리를 비롯한 생산 부문에서도 많은 개선이 필요하기 때문에 변화를 두려워하는 일부 부서에서 시스템 도입을 강력히 반대했다. 그들은 여러 가지 문제점을 제시했고 내부적으로도 담당자들이 많은 어려움을 토로하는 상황이었다.

어떤 조직이든 수준이 한 단계 업그레이드되려면 장벽을 몇 개 넘어야 하는 것이 당연지사다. 중간간부인 문 부장은 생산부서 담당자들을 하나하나 설득해 나가기 시작했다. 그런 과정 중에 때론 고함도 오갔지만 퇴근 후 별도의 자리를 마련해 관계개선을 위해 노력하는 자세도 잊지 않았다. 이렇게 관련 부서들의 동의를 구하는 동안 더 큰 문제가 부서 내부에서 발생했다. 유용한 시스템이긴 하나 시스템의 엔진과 추진본부가 기흥에 있는데다가, 문 부장이 근무하는 사업장의 영업방식과는 차이가 있다보니 생산계획을 수립하는 데 많은 수작업이 필요했다. 결국 계획을 수립하고 분석하느라 매일 밤늦은 퇴근을 감수해야 했던 직원들의 불만이 조금씩 쌓여가기 시작했다.

본사 일정에 맞춰 작업을 빨리 완료하라는 지시가 연일 하달되자 직원들은 점점 지쳐갈 수밖에 없었다. 문 부장은 중간간부들과 머리를 맞대고 이 문제를 해결하기 위해 고민했으나 마땅

* * * * *

한 답이 안 나왔다.

이때 문 부장의 머릿속에 'TEAM'이라는 단어가 생각났다. 어떤 책에서 'Together Everyone Achieve More(함께 모여서 모두가 조금씩 더 이루어내는 것)'이라고 풀어쓴 의미를 떠올린 것이다. 팀이란 단어를 되새기며 명상에 잠겨 있던 문 부장은 문득 한 가지 좋은 아이디어를 생각해 냈다. 그것은 분명 기발한 아이디어였다.

현재 자신의 부서에서 일어난 어려움을 극복할 수 있는 훌륭한 도구임에 틀림없었다. 하지만 문 부장 본인의 입으로는 거론하지 않기로 마음을 먹었다. 그 이유는 이 아이디어가 직원들의 머리에서 나오기를 바랐기 때문이다. 직원들 스스로 이 아이디어를 채택한다면 좀더 많은 공감 형성과 적극적인 동참이 이어질 거라고 생각했다.

문 부장은 직원들을 한 자리에 모아 팀이란 단어를 꺼내며 좀더 현실적인 접근을 시도했다. GE에서 벤치마킹한 워크아웃(work-out) 기법을 동원해서 문제해결을 위한 회의를 개최한 것이다.

이 자리에서 문 부장은 부서에서 이뤄야 할 목표를 다시 설정하고 한 배를 탄 동료라는 인식을 상기시켰다. 그러고 난 후 각자의 의견을 수렴했는데 당초 생각했던 것보다 좋은 아이디어들이 수집되고 있었다.

이윽고 문 부장은 자신이 생각해 낸 아이디어가 직원들의 머릿속에서 도출되도록 여러 가지 방법을 동원해 진행을 이끌어나갔다. 마침내 한 직원의 입에서 문 부장이 생각한 아이디어가 공개되는 순간, 얘기를 듣고 있던 문 부장은 마음 속으로 쾌재를 부르고 크게 환호하면서 그 직원을 격려했다. 그러나 문 부장의 입가에 가득 번진 흐뭇한 미소의 의미를 아는 사람은 아무도 없었다. 좋은 아이디어를 제출한 직원에게 동료 직원들이 찬사를 보냈고 그 아이디어는 곧바로 채택되었다.

아이디어의 내용은 이렇다. 선진 시스템인 I 개념을 도입하고 GPS 시스템에서 사업장 실정에 맞는 부분만 적용하는 것이다. 좀더 부연해 설명하자면, 사업장에 현실을 충분히 수용할 수 있는 맞춤형 중간 형태의 생산계획 시스템을 자체적으로 만들어내기로 한 것이다.

GPS 시스템을 전면적으로 적용하는 일은 현실적으로 무리가 있었다. 경영진에게 이 사실을 설득하고 장점만 골라서 채

* * * * *

57

택해 부서의 실정에 맞는 맞춤형 시스템을 셋업하기 시작했다. 팀원들의 사기는 절정에 달했다. 새로운 시스템을 만들기 위해 밤늦은 퇴근이 연일 계속되었고 심지어 날밤을 새우는 알도 허다했다. 그러나 직원들은 새 시스템을 정착시키는 일에 너나 할 것 없이 매달렸다. 문 부장은 그들의 열정과 헌신적인 노력에 고마움을 느끼며 격려와 지원을 아끼지 않았다. 이런 노력 끝에 당초 계획대로 사업장에 딱 맞는 맞춤형 생산관리 시스템이 완성되었다. 그리고 새로운 시스템을 사업장에 적용한 결과 놀라운 성과가 나타나기 시작했다. 무엇보다 새로운 노하우가 지속적으로 쌓여갔으며 이를 바탕으로 부서는 날로 발전해 나갔다.

중간간부는 경영진과 부서원들 간의 의견조정 역할뿐 아니라 관련 부서 사이의 관계개선, 부서원들과의 팀워크를 조율해 나가는 일도 막힘 없이 처리해야 한다.

변화와 혁신의 현장에서 변화를 수용하고 그 변화를 주도해 나가는 중간간부들의 빛나는 코칭 리더십이 더욱 절실해지는 이유는 무엇일까?

"요즘 헤드십은 난무하는데 진정한 리더십을 찾아보기 어렵

* * * * *

다"는 얘기를 심심찮게 들을 수 있다. 그러나 문 부장의 머릿속에 늘 살아 있는 'TEAM'의 진정한 의미를 되새겨보기 바란다.

오늘도 직원들을 코칭하느라 분주해 있을 문 부장의 열정이 눈에 잡힐 듯 선하게 그려지고 그의 목소리가 귓가에 맴도는 것 같다.

· · · · ·

6
만능 스포츠맨, 따뜻한 가슴의 아름다운 리더

삼성을 빛내는 진정한 삼성인이 한 사람 있다. 일명 의지의 삼성인이다. 필자는 그를 '만능 스포츠맨, 따뜻한 가슴의 아름다운 리더'라고 부르고 싶다. 만능 스포츠맨이자, 만능 재주꾼인 이 사나이는 현재 삼성전자 반도체 총괄 모바일 솔루션 개발실 책임연구원으로 근무하고 있는 장석영 차장이다. 필자는 장 차장과 오랜 세월 동안 함께 근무했는데 지금도 호형호제하며 가족처럼 지내는 사이다.

장 차장은 시골에서 고등학교를 졸업하고 곧바로 상경하여 삼성전자에 기술직 사원으로 입사한 후 반도체 제조현장의 품질관리 부서에서 근무를 시작했다. 반도체 생산현장은 그 특성상 쉬지 않고 가동되어야 하는 여건 때문에 현장 근무는 언제나 긴장

• • • • •

61

감이 연속된 생활이다. 현장 특성상 3교대 근무가 이뤄지는 힘들고 어려운 여건 속에서도 장 차장은 남다른 열정을 갖고 열심히 일했다. 특히 그의 가슴 속에는 남다른 큰 꿈이 자라고 있었다. 매사에 긍정적인 생각으로 주변 동료들의 귀감이 되었던 그는 자기계발의 열정이 대단했다. 배워야만 꿈을 이룰 수 있다는 열정을 붙잡고 배움의 끈을 항상 놓지 않았다.

부서의 말단으로 궂은일을 도맡아 하면서도 항상 그는 희망을 잃지 않았다. 언젠가는 자신도 부서를 이끌어가는 리더가 될 수 있을 거라는 꿈을 곱씹으며 관리자로서의 기본 역량을 갖추는 데 혼신의 노력을 기울였다. 매일 주요 신문의 사설을 빠짐없이 읽고, 자신의 주장을 전개하는 연습을 했고, 타인을 설득하기 위한 서적들을 읽으며 연구했다.

새로운 변신으로 큰 꿈을 키운다 | 그가 늘 꿈꿔왔던 관리자의 이상형은 부하 직원에게 꿈을 만들어주는 관리자가 되는 것이었다. 드림메이커가 되어 "당신 때문에 내가 이렇게 성공할 수 있었습니다"라는 말을 듣는다

면 더할 나위 없이 기쁠 것이라고 상상했다. 그런 꿈을 키워가던 어느 날 그는 우연한 기회에 당시 연수과에서 교육을 전담하고 있던 필자와 만나게 되었다. 현장 사원들을 위한 사내 직업훈련원 설립을 추진하던 필자의 눈에 장 차장은 함께 일하고 싶은 유능한 인재로 보였다. 우리는 그렇게 만나서 함께 근무하게 되었다.

현장의 엔지니어 출신으로 연수 담당자 직무를 맡게 된 그는 현장에서 근무할 때보다 더 많은 열정으로 일을 처리해 나갔는데 마치 물을 만난 물고기와 같았다. 연수 담당자의 일은 사명감으로 가득 차 있지 않으면 절대로 감당할 수 없는 자리다. 그는 충만한 열정과 사명감, 그리고 성실함과 모범적인 자세로 교육생들을 감동시켰다. 그는 신설된 사내 직업훈련원의 교육담당자로 일하면서도 직업훈련 3급 정교사 자격을 취득했고, 삼성전자 사내 직업훈련원에서 수년 간 근무하면서 반도체 관련 기초기술을 후배들에게 전수하는 데 혼신의 힘을 다했다. 단지 기술교육뿐 아니라 올바른 직업관을 심어주기 위해 노력했으며 삼성인이 갖추어야 할 기본 소양을 전하기 위해서 자신의 열정을 쏟아 부었다.

그러면서도 그는 자기계발을 위한 열정에 이끌려 퇴근 후 삼

· · · · ·

성전자 사내 기술대학에 다니면서 전문기술을 습득했다. 이후 야간대학을 졸업했고, 현재 대학원에 재학 중인 만학도이기도 하다.

IMF의 먹구름이 대한민국을 강타하던 당시엔 구조조정의 한 파가 몰아쳤고 삼성도 그 파장에 휘말렸다. 그 결과 많은 직원이 정든 회사를 떠나야 하는 아픔을 겪어야 했다. 당시 인사부장으로 근무하던 필자는 관리지원직군에 몸담고 있던 장 차장에게 기술자로서 거듭나지 않으면 살아남기 힘들 것이라는 나의 소신을 들려주었다. 그리고 그가 반도체 개발직군으로 직군을 변경하도록 조언하고 지원했다. 오랫동안 경영지원직군에 몸담고 있던 사람이 개발직군으로 자리를 옮겨 일한다는 것은 말처럼 쉬운 일이 아니다. 하지만 그가 갖고 있는 열정이라면 어려움을 충분히 극복할 수 있을 거라는 믿음이 필자에게 있었다.

이후 그는 선행연구팀에서 IEEE1394를, ADSL팀에서 제품 응용기술 업무를 담당했다. 한때 여러 가지 어려움이 그의 마음을 흔들어놓기도 했지만 끝까지 인내하면서 새로운 환경 및 기술과의 싸움을 이겨내며 조금씩 자리를 잡아갔다. 무엇보다도 어려운 싸움은 지루하고도 처절한 자신과의 싸움이었을 것이다.

* * * * *

2001년이 되자 드디어 그는 간부로 승진하게 되었다. 말단 사원으로서 현장 3교대 근무 때부터 열심히 키워온 꿈이 중간간부가 됨으로써 이루어진 것이다.

중간간부가 된 그에게 팀리더라는 직함이 주어졌다. 평소 원만한 인간관계를 바탕으로 동료 및 후배 사원들을 진심으로 배려·지원하는 일에 익숙한 그는 이른바 섬기는 리더십을 유감없이 발휘하기 시작했다. 무엇보다 그는 후배들에게 꿈을 나누어 주고 동기를 부여해 주는 비전 리더십을 발휘하는 데 많은 정성을 쏟아 부었다.

불혹의 나이에 영어와의 한판 승부 │ 그러던 중 솔루션 개발이 도입됨에 따라 반도체 SOC 사업의 중요한 열쇠로서 토탈 솔루션 제공이 대세로 자리잡게 되었다. 하지만 이 분야에 대한 경험은 거의 전무한 상태였다. 단순히 이미 개발된 반도체 칩셋을 파는 것에 그치던 시대에서 패러다임이 변하고 있는 중이었다.

중대한 기로에서 선 장 차장은 새로운 도전을 시작했다. 외주

· · · · · ·

개발 용역을 캐나다에서 진행하게 되었는데 그 중 하드웨어 개발에 대한 책임이 그에게 주어졌다. 현지(캐나다 토론토)에서 3개월 동안의 개발 기간을 통해 새로운 기술을 습득해서 네트워크 반도체 제품의 Reference Solution을 처음으로 제공하게 되었다.

경험도 없는 업무를 극복하기 위해서는 많은 노력이 필요했다. 그는 창조적 사고와 도전의식을 갖고 프로젝트를 성공적으로 이끌었다. 당시 그는 영어소통에도 어려움이 있었지만 새로운 자극을 받아 불혹의 나이에 영어와의 전쟁을 시작했다. 살아남기 위한 고된 싸움이었다. 충만한 의지 하나만 갖고 영어회화에 매달렸다. 결국 열심히 공부한 결과 회화평가 3급 자격까지 취득하게 되었다.

이후 그는 조직의 미래는 물론이고 부하 직원의 장래를 위한 배려도 멈추지 않았다. 항상 부하 직원을 격려하고 특히 상사 때문에 힘들어하지 않도록 최대한 배려했다. 아울러 직원들이 자부심과 꿈을 가질 수 있도록 동기부여하는 일에 열성을 보였다.

2005년 2월에는 그가 이끌고 있는 개발인력 가운데 승진 대상자 전원이 승진의 기쁨을 누렸으며, 전원이 업적 평가에서 상위 고과를 받는 성과를 기록했다. 현재 그는 2개 팀의 프로젝트 리더로서 12명의 정예 개발인력을 이끌며 모바일 CPU의 솔루션 개발 및 고객기술 지원을 담당하고 있다. 그와 함께 근무하는 연구원 중에는 4명의 외국인 개발인력이 포함되어 있다. 외국인 개발인력에 대한 세심한 배려 또한 그의 몫이다.

2005년 2월, 프랑스 칸느에서 열린 세계 최대의 모바일 쇼(GSM Congress)에서 세계 최초로 리눅스 OS를 기반으로 한 WCDMA Smartphone Reference Solution(K2 Phone)을 개발 전시하여 〈이이타임스(EETIMES)〉에 그의 기사가 실렸다. 또한 2005년 3월에 열린 대만 삼성포럼에서는 모바일 CPU Reference Solution을 개발 전시하여 대만과 국내 신문에 대대적으로 소개되기도 했다.

그라운드를 누비는 스포츠 리더십 │ 장 차장이 특히 강조하는 것이 있는데 다름 아닌 원만한 인간관계다. 그의 인간관계 기법은 독특하고 재미가 있다. 그는 회사의 각종 동호회를 통해서 많은 사람을 만나고 사귀기를 즐긴다.

. . . . . .

운동을 워낙 잘 해서 회사의 탁구 대표선수로 직장대회에 출전하고 있으며, 경기도 체전에 오산시 대표로 출전해서 40대 준우승을 차지하기도 했다. 여기서 탁구와 관련 있는 한 가지 에피소드를 소개하겠다.

2004년에는 삼성전자 반도체 칩 불량으로 시스코(Sysco)사의 클레임이 접수된 적이 있었다. 당시 시스코의 접대에 신경을 곤두세우던 사업부에서는 시스코 담당자가 탁구광이자 수준급의 실력자임을 알고 탁구경기를 주선했다. 삼성측에서는 발군의 기량을 자랑하는 장 차장이 대표로 출전해 접대탁구(?)를 멋지게 치러냈다. 그의 실력과 경기 매너는 상대측의 호감을 사기에 충분했고, 이를 계기로 클레임 문제가 원만히 해결될 수 있었다.

장 차장의 활약은 여기에서 그치지 않는데 삼성전자 반도체 축구동호회 감독 겸 선수로 전국 직장인 축구대회에 매년 출전한다. 그는 스포츠를 통해 자신의 부서뿐 아니라 다른 사업부 직원들과도 돈독한 관계를 맺고 있다. 이른바 스포츠 리더십을 유감없이 발휘하고 있는 것이다. 그라운드에서 종횡무진 뛰어다니는 그의 모습을 보면 감동하지 않을 수 없다. 그렇다. 조직의 중간간부가 훌륭한 리더십을 발휘할 수 있는 효과적인 방법 가운데 하나가 스포츠다. 함께 땀 흘리며 몸으로 부딪히는 과정 중에 참다운 인간미를 느끼게 되는 것이다. 스포츠는 사람의 마음을 하나로 만들어줌은 물론 건전한 스포츠맨십과 리더십이 어우러질 수 있다는 장점이 있다.

그는 오늘도 자신만의 기술력, 언어구사 능력, 설득력, 동기부여, 창조적 사고 능력, 인간적인 관리 능력, 수평적 의사소통 능력 등을 배양하기 위해 분주하다. "내게 능력 주시는 자 안에서 모든 것을 할 수 있다"는 성경구절로 부하 직원을 격려하는 그는 독실한 크리스천이기도 하다.

지금도 그는 모바일 솔루션 개발 팀에서 몸으로 가슴으로 사랑으로 차별화된 리더십을 발휘하고 있다. 2007년 모바일 CPU 세계 제일을 꿈꾸고 동료들을 격려하며 함께 그라운드를 누비는 플레잉 리더다. 필자는 그를 삼성을 빛나게 하는 핵심인력이요, 만능재주꾼이자 따뜻한 가슴을 소유한 아름다운 리더라고 부르고 싶다.

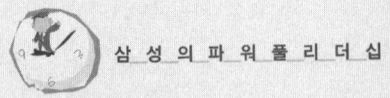

삼성그룹의 인재 전략 사장단 워크숍

창조관에서는 무슨 일이 있었나?

용인 에버랜드 안쪽 깊숙한 곳에는 일명 삼성사관학교라 불리는 최첨
단 시설의 연수원이 자리하고 있다. 웅장하면서도 첫눈에 남다른 열
정과 패기가 느껴지는, 그룹의 핵심인재를 양성하고 훈련시키는 연수
원인 '창조관'이 엄청난 위용을 자랑하고 서 있다. 창조관이라는 연
수원 이름에 담겨진 의미가 삼성의 인재상과 인재육성 전략과 무관하
지 않다.

2002년 6월 5일, 갑작스런 연락을 받은 그룹 사장단 50여 명이 긴장
된 모습으로 창조관에 모여들었다. 회의를 주도하는 이건희 회장의
표정이 심상치 않았다. 그의 눈빛은 그 어느 때보다도 강렬했으며 목

소리마저 가느다랗게 떨리고 있었다.

"200~300년 전에는 10만~20만 명이 군주와 왕족을 먹여살렸지만, 21세기는 탁월한 한 명의 천재가 10만~20만 명을 먹여살리는 인재경영의 시대, 지적 창조의 시대입니다."

'인재 전략 사장단 워크숍' 이라는 특별한 자리에서 이 회장은 이미 인재전쟁의 시대가 우리 앞에 전개되고 있고 이 전쟁에서 승리해야 생존할 수 있다고 역설했다. 삼성이 앞으로 5~10년 안에 초일류기업으로 도약하기 위해서는 핵심인재, 핵심기술 개발 등에 과감히 투자하고 성장잠재력을 키워나가야 한다며 인재 확보의 중요성을 거듭 강조했다.

사장들이 직접 발로 뛰어라

이 회장의 특별한 지시가 있었음에도 불구하고 핵심인재 확보가 잘 안 되자 삼성그룹에 다시 비상이 걸렸다. 2002년 11월 5일 이건희 회장은 인재전략 사장단 워크숍을 다시 열었다. 이 회장은 "지금 이 순간 인재전쟁에서 밀리면 절대로 생존할 수 없다"고 힘주어 강조하며 각 사별로 사장들이 직접 두 팔을 걷어붙이고 발로 뛰라고 지시했다.

사장단의 평가는 핵심인재 확보가 핵심 이슈

이 자리에서 이 회장은 앞으로 자신도 경영업무의 50% 이상을 핵심인력 확보 및 양성에 쏟겠다고 밝히며 사장단의 인사평가 점수를 100점으로 했을 때 40점은 핵심인력을 얼마나 확보하고 잘 관리하느냐, 또 얼마나 양성했느냐에 둘 것이라고 공언했다. 아울러 인재경영에 대한 자신의 확고한 의지를 담은 세 가지 방침을 다음과 같이 밝혔다.

첫째, 인재는 국적을 불문하고 채용하되 특별히 러시아와 동유럽의 기초과학자를 영입하기 위해 꾸준히 노력해야 한다.

둘째, 기존 핵심인력들의 글로벌 역량을 강화하는 것도 인재육성의 중요한 전략이다.

셋째, 인재의 조기 양성을 위해 이공계 대학생을 적극 지원하고 고등학교 3학년생들 중에서 세계의 유수한 대학에 입학하는 학생을 조기에 발굴해, 장학금을 지급하는 등 공부에 전념할 수 있도록 지원해야 한다.

이 회장의 이러한 특명이 떨어지자마자 삼성 계열사들은 핵심인재 확보를 위해 특별한 사무국이나 TF팀 등의 조직을 만들어 가동에 들어갔다. 어느 계열사보다도 핵심인재의 필요성이 절박했던 삼성전자는 본사의 채용팀을 '삼성인재개발연구소'로 확대 · 개편하는 등 발빠르게 움직였다. 삼성의 인재개발연구소는 날이 갈수록 엄청난 조직과 맨 파워를 가지고 핵심인력 사냥에 총력을 기울이고 있으니 그야말로 인재를 빨아들이는 거대한 블랙홀이다. 삼성그룹은 현재 박사급 3,000여 명, 석사급 1만 3,700여 명의 연구인력을 보유하고 있다.

7
새로운 탄생을 위한 몸부림

성공신화를 만들어낸 원동력 │ 회사 조직에서 간부의 역할과
책임은 막중하다. 간부가 어떤
역할을 하느냐에 따라 회사의 진로가 결정된다고 보면 정확한
판단일 것이다.

1995년 삼성이 자동차 사업을 본격적으로 준비할 무렵, 이석
재(가명) 과장은 프로젝트팀에서 매니저 역할을 수행하고 있었
다. 이 과장이 속한 팀은 자동차 사업의 전체 일정관리, 진행 현
황 및 문제점 파악, 해결방안 마련 등 방대한 자료가 모두 결집
되는 곳이다. 이 팀은 최고 의사결정자에게 필요에 따라 보고해
야 하며, 무엇보다 올바른 방향으로 의사결정이 내려지도록 해
야 하기 때문에 언제나 긴장감을 늦출 수 없었다.

자동차 사업의 규모가 워낙 크다 보니 잘못된 의사결정은 곧 몇백억 원의 손실과 직결될 것은 불을 보듯 자명한 것이었다. 따라서 언제나 살얼음판을 걷는 듯한 긴장감이 가득했고 그로 인한 스트레스가 유난히 많은 사업팀이었다.

이 과장이 이끌던 팀의 구성도 사업 구성에 따라 생산, 영업, 연구소, 부품업체, 일본 자동차 제휴선 관리 등으로 나뉘어 진행되었고, 업무 카운트 파트너도 대부분 중역이었기 때문에 부담이 많이 가는 업무였다. 주요 사안은 그룹의 최고 결정권자인 회장에게까지 보고되었기 때문에 모든 보고 문건은 보고시간 전까지 수십 번씩 검토하는 일이 흔했다.

자동차 산업의 인력 구성은 삼성 각 계열사 인력과 국내외 자동차 경험 인력을 중심으로 이루어져 있었다. 따라서 삼성 인력들은 자동차 사업 신규진입에 따른 업무 미숙으로, 타사 자동차 경험 인력들은 삼성 문화의 수용과 적응이 쉽지 않은 과제였다.

특히 이 과장의 부서와 같이 주로 중역들과 업무를 진행하는 부서에서 경험이 부족한 사원들은 이러지도 저러지도 못 하는 상황에 놓일 때가 많았다. 그러나 따로 교육을 시킬 만한 여유도 없었고, 늘 인력이 부족한 사항이다 보니, 실전 경험을 쌓아가면서 일해 나가는 방법밖에 없었다. 그러다 보니 초창기에는 모든 일을 시간으로 메워야 했고 매일 같이 야근을 해야 하는 상황이 이어졌다.

새로운 탄생을 이루기 위해서는 극복해야 할 일이 한두 가지가 아니었다. 어느 하나라도 중요하지 않은 일이 없었고 단 한 가지 업무라도 일정 내에 맞추지 못하면 전체 일정에 차질이 생기기 때문에 늘 분주하게 움직여야 했다. 사원, 간부, 중역이 모두 한몸이 되어 일사불란하게 움직이지 않으면 곧바로 회사 조직 전체에 부정적인 영향을 미칠 수밖에 없다. 따라서 직급이 낮은 사원일지라도 중역 이상의 역할을 할 수 있는 환경을 만들어 주는 것이 가장 중요한 일이었다.

이 팀의 경우 원활한 업무수행을 가능하게 하는 효과적인 방법은 자신감을 심어주는 일이었다. 만약 자신감이 결여된 상태에서, 즉 수세적인 입장으로 업무를 해결하면 문제점 파악이나 해결책 제시가 불가능하다. 뿐만 아니라, 일선 조직에 끌려가게 됨으로써 일정 차질의 원인이 되기도 한다. 이런 문제를 극복하기 위해서 이 과장은 팀원들이 맡은 일과 관련해서 누구와 얘기하더

· · · · · ·

라도 한 걸음 앞서 말할 수 있는 업무지식의 소양을 갖추는 것은 물론, 주어진 범위 안에서 해결책까지 제시할 수 있을 정도의 자신감을 갖추어야 한다고 역설했다. 또한 생생한 현장의 소리를 듣기 위해 시간이 허락하는 한 업무 관련 협의는 현장에서 직접 하고, 문제점은 즉시 보고하는 체계를 갖추었다. 그리고 현장에서 해결할 수 있는 것과 그렇지 못한 것을 정확히 구분함으로써 업무가 신속하게 처리될 수 있도록 조치했다.

이러한 체계가 만들어진 지 6개월이 지나자 팀원들은 자기가 맡고 있는 일에 자신감을 갖게 되었다. 직급이 없는 사원일지라도 중역 이상의 책임감을 갖고 업무에 임하게 되었으며, 이런 자신감은 자동차 사업의 신규진입 성공신화를 만들어낸 원동력이 되었다.

중간간부의 역할 중에서 특히 중요한 것이 있다. 다름 아닌 자신이 속한 조직의 역할을 정확하게 파악하고 이를 구성원들에게 올바른 방향으로 제시하는 것이다. 여기에 한 가지를 더 덧붙이자면 부족한 역량을 채우기 위한 부단한 지도와 육성도 필요하다. 이렇게 하는 것이야말로 조직이 주어진 역할을 차질 없이 수행해 나갈 수 있도록 하는 원동력이 되고, 나아가 전체 조직과 조화를 이루어 시너지 효과를 극대화할 수 있다고 이 과장은 강조한다. 삼성자동차는 이 과장과 같은 중간간부들의 눈부신 활약이 있었기에 세상에서 빛을 볼 수 있었다.

8
중국을 한손에 쥔 해결사 과장들

조직은 직급에 따라 움직이지 않는다 │ 현장에 가보니 분위기
                                    │ 가 어수선하다. 분주하
게 움직여야 할 직원들이 일손을 놓고 모두 복도에 나와 있다.
신발을 챙겨들고 담배를 피우러 밖으로 나가는 직원들도 눈에
띈다. 분명히 뭔가 심각한 일이 벌어지고 있는 것이다.

이런 사태를 맞게 된 사업부는 뒤통수라도 한 대 얻어맞은 기
분이 든다. 왜 그러는지, 이유가 무엇인지, 어떻게 해결해야 하
는지 도무지 알 수가 없었다.

인건비와 원가 절감, 그리고 시장 접근의 용이성 때문에 세계
의 유수한 기업들이 중국으로 진출을 앞다투던 시기에 삼성전자
도 상하이 근처에 자리한 저장성으로 진출했다. 생산 활동에 필

* * * * * *

요한 여러 가지 인프라를 구축하고 치밀한 준비를 마쳤다. 그러나 극복해야 할 과제가 있었다. 생활 수준이나 기술 수준이 낮아도, 자존심 강하고 한국보다 훨씬 직장 이동성이 높은 중국 인력을 다루는 노하우 부족은 넘어야 할 큰 산이었다. 이제 막 생산라인을 설치하고, 품질 인증을 받는 단계에 왔는데 근로자들의 태업이라니, 한숨이 절로 나온다. 표면적인 것은 임금 문제지만 실질적인 내용은 회사와 종업원 사이의 신뢰와 의사소통이 장애였다. 그런데 참으로 다행스러운 것은 회사에 두 명의 해결사가 있었다는 점이다. 한 명은 기술담당 과장, 다른 한 명은 인사과장이었다. 능력과 성과를 중시하는 시대에 학력을 거론하는 게 옳지 않겠지만 오히려 학력보다 중요한 게 리더십이라는 사실을 강조하고자 가감없이 얘기하고자 한다. 그 중 한 명은 공업계 고등학교 출신이다. 현장 기술자로 근무하며 중간간부 자리까지 오른 것이다. 다른 한 명은 내로라하는 일류대를 졸업하고 해외 유학까지 다녀온 엘리트였다.

기술담당인 김 과장은 중국어를 거의 구사하지 못했다. 사용할 수 있는 단어가 100개도 채 안 되었다. 하지만 그에게는 남다른 리더십이 있었다. 사원들을 이끄는 강한 흡인력을 소유하고

· · · · · ·

있었다. 태업에 놀란 총경리(한국의 사장)의 호통과 공장장의 분주한 설득에도 눈 하나 깜짝하지 않던 직원들도 김 과장이 더듬거리며 말하자 반응을 보이기 시작했다. 그는 얼굴 표정과 몸짓으로 자신의 뜻을 전달하는 듯 보였다. 그럼에도 불구하고 그가 평소 사원들에게 보여준 솔선수범의 리더십은 놀라운 효과를 발휘했다. 그는 언어를 초월해서 몸과 마음으로 사원들의 마음을 움직였다. 마침내 사원들이 하나둘 대화의 장으로 나왔다.

그러고는 인사과장인 유 과장이 전면에 나서기 시작했다. 엘리트 출신인 인사과장의 중국어 실력은 중국인들도 인정할 만큼 훌륭했다. 기술담당 김 과장의 중국어 실력에 비교할 수 없는 한마디로 언어의 마술사라고까지 비유할 수 있었다.

유 과장은 우선 중국 근로자들의 얘기를 들었다. 그냥 건성으로 들은 게 아니라 가슴을 열고 열심히 경청했다. 그들의 얘기 중에는 공감할 수 없는 부분도 많았지만 마지막까지 참고 열심히 경청했다. 이런 사건을 대하는 사람 가운데 열에 아홉은 이성을 잃고 화를 참지 못하게 마련이지만 유 과장은 마지막까지 그들의 얘기를 들었다. 근로자들의 얘기가 끝나자 유 과장은 차분하면서도 논리정연하게, 그리고 정확하게 회사의 상황을 있는

· · · · ·

그대로 설명했다. 그런 다음 차근차근 인사규정을 설명하며 회사의 경영방침을 전달했다.

한 번 물꼬가 터진 사원들과의 대화는 꽤 오랜 시간 동안 진행되었다. 그는 해박한 지식과 탁월한 언어전달 능력을 동원해 마침내 사원들과 진실한 의사소통의 장을 열었다. 그 과정에서 회사측은 사원들의 생각을 정확히 알게 되었고, 사원들은 회사의 운영방식이나 사업방향을 깨닫고 공감하게 되었다. 사회주의 이념과 공산당이 지배하는 중국의 특성상, 혹시 그 일로 사원들에게 피해가 가지 않도록 유 과장은 지방정부, 시정부, 산업단지 관리공단, 공안(한국의 경찰) 등을 활발히 오가며 깔끔하게 일을 마무리지었다. 김 과장과 유 과장이 아니면 아무도 할 수 없는 일이었다. 그들은 거대한 중국을 한 손에 쥔 해결사였으며, 그 순간만큼은 과장이 아닌 사장이자 회장이었다.

중국 진출의 운명을 좌우할 수도 있었던 사건은 작은 해프닝으로 끝났다. 삼성전자는 이 사건에서 많은 교훈을 얻었고 이후로는 사소한 노사 간의 마찰 없이 성공적으로 운영되고 있다. 이 사건 외에도 중국 진출 초기에 발생한 여러 가지 장애를 두 간부

. . . . .

TEAM LEADERSHIP OF SAMSUNG

는 헌신적인 리더십과 탁월한 커뮤니케이션 능력을 발휘해 해결했다. 이들의 역할은 21세기 들어 유행처럼 회자되는 중간간부 무용론을 잠재우는 데 도움이 될 것이다. 조직은 결코 직급에 따라 움직이는 게 아니다.

9

늘 푸른 프론티어 정신

개척과 도전정신 | 직장 생활을 하다 보면 주위에 있는 모든 사람이 참 말을 잘 한다는 사실을 깨닫게 된다. 어떻게 그리도 아는 것이 많은지 감탄사가 절로 나온다. 본인의 일과는 전혀 다른 분야임에도 불구하고 그들의 말 한 마디에는 수십 년 동안 해당 분야에서 종사해 온 전문가의 입을 다물게 할 때도 있다. 그러나 아쉬운 것은 그 많은 지식과 경험이 실천되는 경우가 드물다는 사실이다.

실천이 따르지 않는다면, 다시 말해서 행동으로 옮기지 못하는 지식은 열매를 맺지 못하는 쓸모없는 나무에 불과하다.

요즘 우리나라 경제 흥망의 열쇠를 반도체 산업이 쥐고 있다고 말하는 사람이 많다. 겉으로 보기에는 많은 사람의 주목을 받

• • • • •

87

는 산업이지만, 실제 반도체 회사에서 근무하는 사람들의 입장은 좀 다르다. 반도체 산업을 3D 업종 가운데 하나라고 생각하는 사람이 적지 않다. 이 산업을 자세히 들여다보면, 세계 시장에서의 경쟁은 매우 치열한 반면 그 기술은 익히기가 어렵고, 나아가 경쟁력 있는 비즈니스로 자리잡기가 매우 어려운 업종이다. 우리나라가 반도체 강국이라고 자랑스럽게 내세우는 밑바탕에는 지난 30여 년 동안 한국 반도체 산업의 역사 속에서 단내 나는 어려움들을 극복해 낸 반도체인들의 땀이 있었기에 가능했던 것이다.

삼성의 B사업장은 한국에 반도체의 씨앗을 뿌린 유서 깊은 반도체 발상지다. 필자는 이곳에서 신입사원 시절을 보냈다. 이 사업장에서는 아날로그 IC와 Discrete 반도체를 만들고 있었다. 반도체 회로설계부터 공정설계, 생산 및 판매를 모두 처리하는 비메모리 사업부였다. 회사가 크면 이점이 있는 만큼 불리한 점도 많다. 특히 불리한 점으로는 조직 간 갈등이나 경쟁 심리를 들 수 있다. 1990년대 이후 연공서열주의가 물러나고 능력주의와 성과주의가 경영계의 전면적인 화두가 되면서 조직 내부의 경쟁은 더욱 치열해졌다.

고준석(가명) 팀장은 Discrete 개발담당이었다. 그는 아날로그

IC와 Discrete 반도체가 결합된 반도체가 미래의 주류가 될 것으로 내다봤다. 지금이야 'System on chip'이나 'Two chip one package' 등의 시스템 칩이 보편화되어 있지만 1990년대 초반만 해도 이런 것은 교과서에나 실리는 이론이었다.

특히 경쟁관계에 있는 두 시스템을 협력관계로 전환한다는 것은 매우 어려운 일이었다. 고 팀장은 자신의 구상을 회사에 알렸지만 큰 호응이 없었다. '생각은 좋은데 그게 되겠느냐?'는 반응이 대부분이었다.

개발팀 내에서도 반대의 목소리가 많았다. '누가 주도권을 가지게 되느냐?'가 이슈였고 또한 '성과를 어떻게 나눌 것인가?'에 대해 의견이 분분했다. 지원과 협조보다는 반대가 많은 상황이었다. 고 팀장은 고민했다. 그러나 고민만 하고 있을 수는 없었다. 아무도 안 도와주면 혼자라도 하겠다고 생각했다. 이렇게 결심을 굳힌 그는 평소 마음이 통하던 과장급 후배 한 명을 불러 뜻을 물었다. 고 팀장의 제의에 박홍신(가명) 과장은 흔쾌히 선배를 따르겠노라고 선언했다.

주변에서는 쓸데없는 짓을 한다고 눈총을 주며 아무도 그들을 돕지 않았다. 하지만 의기를 투합한 두 사람은 밤잠까지 줄여가

• • • • •

면서 연구에 몰두했다. 시스템을 설계하고 보드(Board)를 만들고 결국 시뮬레이션까지 끝마쳤다. 그러면서 완고한 태도를 지닌 회로 디자이너들을 차근차근 설득해 나가기 시작했다. 그리고 이 제품을 구입해 줄 Set 업체를 찾아 나섰다. 컨셉은 신선했으나 제품의 질을 우선시하는 Set 업체에서는 고개를 가로젓기 일쑤였다. 일은 착수했으나 설계는 빈번하게 수정되었고, 공정에서 자주 오류가 생겼다. 시간이 지날수록 주변의 눈길이 차가워졌다.

그러나 두 사람은 헌신적인 노력과 함께 자신감 넘치는 태도를 견지했다. 이런 모습을 지켜보던 사람들은 고 팀장의 취지에 공감하기 시작했고, 그들의 노력에 동참하는 사람이 점점 늘기 시작했다. 그리고 2년여에 걸친 연구와 노력 끝에 마침내 첫 제품이 탄생하게 되었다. 그리고 그 제품은 곧바로 Set 업체에 채택되기에 이르렀다. 고 팀장의 뜨거운 열정과 지칠 줄 모르는 도전정신은 이미 주변의 Set 업체에 소문이 나 있었다. 제품이 개발되었다는 소식을 은근히 기다리던 업체도 있었다.

고 팀장은 향후 5년 내에 그 제품군 하나로 연매출 1억 달러를 달성하겠다며 강한 자신감을 드러냈다. 아무도 가지 않은 길이었기에 그 여정은 험난했지만, 그 길을 가본 사람만 느낄 수 있는 참된 희열을 그들은 마음껏 즐길 수 있었다.

고 팀장이 호언한 매출 1억 달러 달성은 우리나라가 IMF 통화 위기를 겪고 세계 반도체 시장 상황이 급변하면서 비록 몇 년 뒤로 늦어졌지만 지금은 당당히 캐시카우 역할을 하는 효자상품으로 입지를 굳혀 주력 사업이 되었다. 고 팀장과 박 과장은 승진에 승진을 거듭했음은 물론이다. 능력은 성과로 나타나야 하고, 성과는 실천이라는 과정을 반드시 거쳐야 한다.

참다운 리더십은 열변을 토하는 유창한 웅변가의 입에서 나오는 것이 아니다. 리더의 개척자 정신과 도전정신을 바탕으로 한 작은 실천에서 비롯되는 것이다.

10
옷깃 하나하나에 불어넣은 열정

고객이 'OK'할 때까지 국내 패션업계의 선두주자 제일모직. 이 회사의 내부 조직 가운데 계절과 상관없이 언제나 분주하게 돌아가는 부서가 있다. 패션 부문의 수주영업팀이 그 주인공이다. 이 팀은 영업수주에서부터 기획, 디자인, 제작, 생산 납품, 그리고 A/S에 이르기까지 고객이 '오케이!' 할 때까지 지속적인 맞춤 서비스를 제공한다.

무주 동계 유니버시아드 대회, 강원도 동계 아시안게임, 부산 하계 아시안게임 등 그 동안 굵직한 국제행사를 도맡아 성공리에 납품한 수주영업팀은 정성철 파트장이 이끌고 있다. 그를 중심으로 모든 팀원이 하나가 되어 언제나 일사분란하게 움직인다. 이처럼 규모가 큰 국가적인 이벤트에 스폰서로 참여하면서

· · · · ·

자사 브랜드도 홍보하고 기업 이미지 향상에도 일조하고 있으니 정녕 대단한 팀이 아닐 수 없다.

이 팀은 대회에 참가한 선수와 심판을 비롯해 자원봉사자의 유니폼에 이르기까지 그야말로 모든 복장을 담당하는데, 입는 사람의 특성과 용도, 계절에 따른 디자인과 색상, 그리고 소재를 달리해 개성을 살리는 것이 중요하다고 팀원들은 털어놓는다. "특히 성화 봉송 때는 수많은 사람의 시선을 받잖아요. 저희는 무엇보다 봉송주자가 입은 옷부터 살피게 됩니다. 아무래도 직업병이겠죠? 그럴 때면 마치 제가 성화를 봉송하는 사람처럼 긴장되면서도 기쁘죠"라고 정 파트장이 털어놓는다. 이어서 그는 일을 하면서 '옷을 기획하고 만든 사람만이 아는 보람'을 느낀다고 말한다. "선수들이 제가 만든 옷을 입고 경기에 임한다는 사실, 그 하나만으로 가슴 뿌듯하죠."

자신이 기획하고 디자인한 옷을 선수들이나 참가자들이 입고 등장할 때면 남다른 보람을 느낀다는 신미경 실장은 "이 일은 특성상, 납품 기간을 정확하게 맞추는 것이 생명입니다. 옷을 제작하는 기간이 짧을 경우, 밤샘 근무도 예사지만 유능한 분들이 우리 팀에 모였기 때문에 문제없죠"라며 자신 있는 어조로 말한다.

수주영업팀은 이런 행사 외에도 스포츠 마케팅, 여직원 유니폼, 남직원 근무복, 사원 단체복, 체육복, 신입사원 연수복, 일반 회사의 유니폼 등 그야말로 단체 복장에 관한 모든 것을 총괄 취급한다.

뛰어난 기획력과 융통성으로 고객의 신뢰 쌓아 | 패션 부문도 업체 간 경쟁이

치열하기는 마찬가지다. 주문이 절로 들어오는 것이 아니기 때문이다. 프로의 세계는 이처럼 냉혹하다. 여러 쟁쟁한 업체들이 수주를 따내려고 경쟁하는 가운데 수주영업팀은 뛰어난 기획력과 프레젠테이션으로 당당하게 주문을 따내고 있다. 어렵사리 수주받은 프로젝트인 만큼 팀원들은 긴장을 늦추지 않고 최선을 다해 의상을 제작한다. 그리고 고객들로부터 실력을 인정받고 칭찬받았을 때 밤새 준비하고 노력한 보람을 맛본다는 그들이다.

"패션은 항상 계절을 앞서가요. 그러나 많은 사람이 이 사실을 모르고 있어요. 물론 저희는 고객의 요구에 맞춰 기획하고 생산

· · · · · ·

95

하지만, 때로는 트렌드와 상황에 따라 적절하게 대처하는 융통성이 필요해요"라고 정 파트장은 말한다.

일전에 한 회사에서 11월에 있을 체육행사에서 입을 단체복을 의뢰했는데 9월에 주문하다 보니 얇은 원단으로 주문했다. 원래 수주영업팀의 기본적인 역할이나 본분으로 따지자면 고객이 주문한 대로 만들어주면 임무를 다하는 것이다. 하지만 수주영업팀에서는 고민하지 않을 수 없었다. 11월의 날씨를 예측해 보니 예년보다 쌀쌀해서 단순히 고객이 주문한 대로 옷을 만들면 행사 당일에 모두들 추위와 싸워야 할 것이 불을 보듯 뻔했다.

고객사와 다시 만나 사정 얘기를 하고 주문을 정정할 수 있는 시간이 많지 않았다. 오히려 고객사에게 단가를 올려서 받으려는 얄팍한 영업 전략인 양 오해를 불러일으킬 염려도 있었다. 그런 가운데 팀원들의 의견이 분분해지고 있었다.

파트장인 정성철 리더는 망설이지 않고 과감하게 결론을 내렸다. 철저히 고객을 최우선으로 한 결단을 내린 것이다. 단가가 조금 더 들더라도 약간 두터운 원단으로 단체복을 제작하기로 결정을 내렸다. 조금이라도 더 이익을 낼 수 있는 상황이었

· · · · ·
96
TEAM LEADERSHIP OF SAMSUNG

지만 눈앞의 작은 이익에 연연하지 않았다. 결국 고객의 단체복은 주문대로 만들지 않고 11월의 날씨를 감안해서 두꺼운 원단으로 제작되었다. 수주영업팀에서 예상한 대로 체육행사 당일의 날씨는 무척 쌀쌀했다. 그러나 옷을 주문한 고객사는 수주영업팀에서 두껍게 만든 단체복 덕분에 행사를 무사히 마칠 수 있었다.

고객사의 담당자는 "날씨 예측까지 해주고 옷을 잘 만들어줘서 고맙다"는 감사의 말을 잊지 않았다. 고객의 입장에서 생각하고 융통성을 발휘하는 이들의 고객 서비스는 고객과 오랜 기간 동안 신뢰 관계를 지속할 수 있는 원동력이 된다.

국내 최고라는 자부심, 질주는 계속된다 이 팀에서는 그 동안 크고 작은 에피소드도 많았다고 한다. 2003년 대구에서 열린 하계 유니버시아드 대회 때는 외국인 심판이 예정에도 없이 갑자기 바뀌는 바람에 부랴부랴 새로 바뀐 심판의 몸에 맞는 옷을 다시 제작했다고 한다. 이처럼 예상치 못한 상황이 발생했을 때, 프로들은 당황하지 않

· · · · · ·

고 순간의 위기를 극복하는 순발력을 발휘한다.

수주영업팀에서 주문을 받아 제작하는 복장이 보통 100벌에서 수만 벌에 이르고, 또 단체복 위주이다 보니 제 날짜에 맞추는 것이 무엇보다 중요하다. 따라서 일분일초를 다투는 시간과의 싸움을 벌이기도 한다.

김영기 대리는 "이 일은 먼저 고객이 원하는 스타일을 파악하고 영업과 기획에서부터 생산과 납품까지, 또 납품 후에는 A/S까지 모든 걸 책임지는 팔방미인이 되어야 합니다. 그러기 위해선 발로도 뛰고 머리로도 열심히 뛰어야 하죠"라고 들려준다.

다음 수주의 성공을 위해 한 자리에 모여 '파이팅'을 외치는 수주영업팀. 업무 특성상 서로간의 커뮤니케이션과 팀워크가 중요한 만큼 팀원들끼리 격의가 없는 의사소통의 장이 마련되어 있고 팀의 분위기는 언제나 화기애애하다.

필자는 이 조직의 얘기를 전해들으며 서로가 도움이 되는 믿음을 쌓는 것이 무엇보다 중요하다고 강조하고 싶다. 팀원들에게 역할과 책임을 강조하기보다는 동기를 부여해 스스로 움직이도록 만드는 코칭 리더십이 필요한 것이다. 정성철 리더를 중심으로 '패션업계를 주름잡는 최고의 팀'으로 자리매김하고 있는 제일모직 수주영업팀은 분명 귀감이 될 만한 조직이다.

　코칭 리더십이 유감없이 발휘되고 있는 제일모직 영업수주팀을
주목해야 하는 이유를 곰곰이 생각해 보라.

· · · · · ·

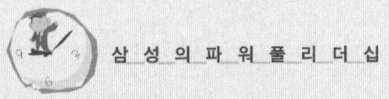

한 명의 인재를 얻기 위해 **전용기를 띄운다?**

자동차로 26시간을 달리다

핵심인재를 확보하기 위한 삼성의 열정은 참으로 대단하다. 물론 많은 기업들이 인재확보가 기업의 사활이 걸린 최대 현안이라는 판단 하에 전력투구하고 있으나, 삼성은 그 가운데서도 유난하다. 한 마디로 말해서 핵심인재라 하면 그야말로 물불을 가리지 않는다.

2001년 9월 삼성전자 인사팀장은 그 동안 열심히 공들여온 핵심인재 중 한 명인 S씨를 만나기 위해서 미국 출장길에 올랐다. 당시 S씨는 미국의 I사에서 근무 중이었는데 모처럼 만나서 인터뷰하기로 약속한 날짜가 전세계를 경악케 했던 9·11 테러 사건 발생 하루 후인 9월 12일이었다.

삼성의 인사팀장은 난감할 수밖에 없었다. 맨해튼의 대재앙 때문에 핵심인재와의 미팅 약속이 취소될 위기에 처한 것이 문제였다. 그는 재빠르게 자동차를 준비해 새너제이에서 포틀랜드까지 무려 13시간을 쉬지 않고 달려갔다.

평소 삼성의 스카우트 제의에 부정적이었던 S씨는 자신과의 1시간 만남을 위해서 무려 13시간(왕복 총 26시간)을 쉬지 않고 달려온 인사팀장의 정성과 열의에 감동해 결국 삼성에 입사하기로 마음을 돌릴 수밖에 없었다.

핵심인재를 위해선 전용기라도 띄워라 !

2003년 9월 초 삼성전자의 인사팀장은 서둘러 미국 출장길에 올랐다. 그 동안 삼성전자의 부회장이 직접 나서서 공들여왔고 반도체 부문의 총괄사장을 비롯해 회사의 최고경영진들이 몇 차례씩 직접 만나 설득하며 끈질기게 입사를 권유했던 거물급 인재가 한 명 있었다. 이른바 슈퍼급 핵심인재였는데, 그를 영입하기 위한 특별작전이 펼쳐진 것이었다. 삼성전자의 인사팀장이 이 슈퍼급 인재를 모시기 위해 회사 전용기를 타고 미국으로 쏜살같이 날아갔다. 결국 전용기 사건의 주인공인 그 핵심인재는 삼성에 입사하게 되었다. 삼성이 핵심인재 확보를 위해서는 물불을 안 가리고 얼마나 적극적으로 움직이고 있는가를 단적으로 보여주는 대표적인 사례임에 틀림이 없다.

핵심인재의 관리와 지원

채용한 핵심인재에 대한 지원도 대단하다. 대부분 채용할 때는 이런저런 방법을 동원해 가면서 난리법석을 떨지만 일단 입사가 결정되면 관심을 덜 쓰게 마련이다. 하지만 삼성은 다르다.

핵심인재의 확보에 대한 관심 못지않게 채용한 인력에 대한 관리와 지원이 각별하다. 이건희 회장은 핵심인력 20명을 확보하는 것보다 10명을 내보내는 것이 회사로서는 더 큰 손실이라고 강조한다. 이같은 인재경영 철학 때문에 핵심인력 확보뿐 아니라 확보한 인재들에 대한 특별한 처우에도 각별한 신경을 쓰고 있다.

삼성전자 내에는 사장보다 더 많은 연봉을 받는 핵심인력만 20여 명이 넘는 것으로 알려져 있다. 삼성전자 사내 등기이사 평균 연봉이 50억 원 정도인 것을 감안하면 기술분야의 핵심인력들이 받는 대우는 상상을 초월할 정도다. 인재경영을 위한 기본전략 속에서 조(兆) 단위의 수익을 창출하는 사업부의 핵심인력에게는 100억 원을 줘도 전혀 아깝지 않다는 것이 인사의 기본적인 방침이다.

PART 2

좋은 리더를 넘어
위대한 리더로

1
창조적으로 일하는 삼성맨

3가지 스타일의 직장인 │ 어느 직장을 막론하고 3가지 스타일
│ 의 직장인이 있다.

첫번째, 일이 주어지기만을 기다리는 사람.

두번째, 시키는 일만 묵묵히 하는 무덤덤한 사람.

세번째, 창의적인 마인드로 일을 찾아 추진하며 일을 즐기는
사람.

첫번째 스타일의 직장인은 일의 종류나 일의 분량, 그리고 일
하는 방법 등을 하나하나 구체적으로 알려주고 관리감독하지 않
으면 절대로 움직이지 않는 사람이다. 완전히 수동적인 스타일
인 셈이다. 회사에 출근해서는 하루하루 날짜 가기만 기다리고
좀더 심하게 표현하자면 월급날만 기다리는 부류의 사람이다.

· · · · · ·

하루 일과를 시작할 때 그날의 날짜를 노려본 후 일을 시작해서 점심시간 30분 전에 이미 점심식사를 위해 일을 멈춘다.

오후 근무가 종료되기도 전에 달력에 적힌 날짜에 X 표시를 하고는 긴 한숨을 쉰다. 오늘도 무사히 하루를 죽였노라고… 오로지 월급날을 향해 하루하루 시간 가기만을 바라는 사람들. 이런 부류의 사람들은 언제나 월급이 적다고 불평하기가 다반사다. 이번 달 월급을 받아들고서 다음 달 월급날을 손꼽아 세보며 이렇게 얘기한다. "아니! 다음 달은 하루가 더 많잖아, 젠장…"

두번째 스타일의 직장인은 자신에게 주어진 일만큼은 나름대로 열심히 하는 스타일이다. 직무의 범위 안에서 자신이 맡은 일을 묵묵히 처리한다. 이런 사람들은 일에 대한 욕심이 없으며 동료들의 일에도 무관심하다. 자신의 일에 대한 목표관리와 일정관리 등은 무리 없이 처리하지만 절대로 자신에게 부담스러운 목표를 수립하지 않는다. 적당한 양을 목표로, 크게 신경 쓰지 않아도 되는 정도의 목표를 세운 뒤, 그 목표달성을 위한 최소한의 노력만 쏟는다. 대개 이런 부류의 직장인은 조직의 일에 절대로 먼저 나서지 않는다. 그저 중간 정도만 하면 별 탈이 없이 무난하게 직장 생활을 할 수 있다는 안일함에 빠져 아이디어를 내지도 않는다. 아니 아이디어가 없는 사람들이라고 해야 맞는 얘기인지도 모르겠다. 또한 이들은 변화에도 둔감한 편이다. 변화의 물결이 거세게 불어닥칠 때면 주변의 눈치를 살피며 하는 수없이 같은 목소리를 내지만, 절대로 능동적으로 움직이지 않는 이무기 같은 존재들이다. 대부분의 대기업이 이런 종류의 직원들 때문에 이른바 대기업병을 앓는다. 이 병은 기업의 성장에 발목을 잡는 중병이다. 도저히 그냥은 고쳐질 수 없는 고질병으로, 구조조정이라는 칼을 이용해서 과감히 도려내지 않으면 안 된다.

세번째 부류의 직장인은 일을 찾아서 움직이는 사람들로서 조직의 성과 창출을 위해 헌신을 아끼지 않는다. 이들은 주인의 지시에 따라서 기계적으로 움직이는 로봇 같은 사람들이 아니라 자신에게 주어진 일만 가지고는 절대로 만족하지 못하는 부류다. 일에 대한 욕심이 많기 때문에 자신이 할 수 있는 일을 열심히 찾아다닌다. 일이 주어지기를 기다리는 수동적인 자세가 아니라 능동적이고 적극적인 자세로 일을 찾아 나서며, 어떻게 하면 지금 하고 있는 일을 개선해서 효율을 높일 수 있을지 늘 고민한다. 아울러 창의적인 마인드로 새로운 길을 찾고 개척해 나가는, 기업의 입장에서는 정말로 알토란과 같은 존재들이다.

* * * * *

이들은 언제나 변화와 혁신에 앞장서는 리더로 일한다. 일이 너무 많으면 밤을 새기도 부지기수지만 자신과의 싸움에서 늘 승리한다. 일을 통한 나름대로의 성취감을 맛볼 줄 알고 거기에서 비롯되는 희열을 만끽하며 직장 생활을 즐긴다. 게다가 조직의 팀워크와 시너지 창출에 관심이 많아서 자기 자신에 대한 관심보다 동료에 대한 관심과 배려가 더 많다. 이들을 한 마디로 표현하면 직장에 대한 주인의식이 강하고 직업의식이 투철한 프로들이다. 조직의 성과와 자신의 업적으로 말을 대신하는 바람직한 직장인들이다.

그 동안 필자가 몸으로 부딪히고, 만나면서 함께 일한 삼성맨들의 모습은 주로 세번째 스타일의 사람들이었다. 삼성맨들은 언제나 자신감이 넘치고 일에 대한 애정이 강하다. 창의적인 마인드로 일을 창조하기 때문에 자신의 일에 대한 욕심도 많다. 그렇다 보니 종종 독선적인 모습으로 비치기도 하지만 이런 것을 오히려 장려하는 분위기다.

삼성과 비즈니스 관계가 성립되어 거래를 해본 사람들이라면 이구동성으로 "삼성의 중간간부들은 일에 대한 오너십이 무척 강하다"고 말한다. 그리고 위에다 아무리 얘기해 봐야 안 통하기 때문에 아예 처음부터 마음을 비우고 담당자부터 소신껏 만나는 것이 비즈니스에 도움이 된다고 조언한다.

창의적인 마인드가 넘친다 | 입사시 실시하는 창의력 교육을 통해서 고정관념을 타파하고, 발상전환을 도모하는 훈련은 큰 도움이 된다. 그러나 입사 때부터 창의적인 마인드를 갖춘 인재를 선호하는 삼성의 인재관은 주목할 만하다. 삼성만의 창의성은 어디에서 비롯될까? 창의적인 마인드와 끼를 갖춘 인재들이 삼성에 입사하면, 그들은 선배들의 일하는 방식과 근성을 배우고 느낀다. 여기에 자신의 창의성과 끼를 마음껏 발산할 수 있는 삼성만의 문화가 어우러져 이들의 잠재력이 크게 확장된다. 삼성의 경우 각종 제안제도나 특허출원제도 등의 활성화를 통해서 창의적인 업무추진 분위기를 한껏 높이는데, 그 결과 삼성맨들의 업무 스타일은 창의적일 수밖에 없는 것이다.

취업을 하고 나서 가장 멋있게, 그리고 재미있게 직장 생활을 하는 사람은 어떤 사람일까?

· · · · ·

111

직장 생활을 하면서 가장 멋없고 답답한 사람은 그저 시키는 일만 묵묵히 따르는 사람일 것이다. 그러나 직장 생활을 통해 보람을 창출하고 나아가 즐겁고 멋진 생활을 영위하는 사람은 일에서 뭔가를 만들어내는 창조적인 사람이다. 이들은 자신이 자발적으로 참여해 문제점을 파헤치며 스스로 해결책을 찾기 위해 고민하고 아이디어를 내놓는다. 그리고 매사에 주인의식을 갖고 밀어붙인다. 이런 과정을 통해 자신감과 팀워크가 생기고 열정이 생기며, 그 결과로서 명품이 만들어지는 것이다.

숨어 있는 1인치를 찾았다　　1995년 '숨어 있는 1인치를 찾았다'라는 광고 카피와 함께 삼성전자의 명품 플러스원이란 TV가 세상에 선보였다. '숨어 있는 1인치, 잃어버린 1인치를 돌려드립니다'라는 카피가 사람들의 궁금증과 호기심을 자극했고, 이는 곧바로 구매욕으로 이어져 명품 플러스원 TV는 날개 돋친 듯 팔려나갔다. 일반적으로 TV의 화면은 가로와 세로 비율이 4 : 3이다. 그런데 삼성의 명품 플러스원 TV의 가로는 보통 TV보다 3.52cm 정도 긴 12.8 : 9의 비율로

만들어졌다. 그야말로 획기적인 아이디어 제품이었다. 일반 TV
에서 시청하는 화면은 방송국에서 내보내는 원래 화면의 크기가
아니다. 브라운관의 크기와 화면 양끝의 떨림 현상 때문에 일반
TV는 양쪽 끝 8mm가 잘린 상태에서 화면이 나온다. 그런데 삼
성전자의 명품 플러스원 TV는 잘려나간 양쪽 끝을 절묘하게 살
려냈다. 삼성의 이 명품 플러스원 29인치 제품은 일거에 50% 가
까운 시장점유율을 기록하며 대박을 터뜨린 히트 상품이 되었
다. 이 아이디어를 처음 내놓은 사람은 이건희 회장이다. 삼성을
이끌고 있는 그룹 총수가 이렇게 창의적인 마인드를 갖고 있다
면, 삼성에 창의적인 문화가 꽃피는 것은 당연한 결과일 것이다.
이 회장의 아이디어를 시발로 삼성 SDI에서는 브라운관 개선을,
삼성코닝에서는 유리 벌브 개선을, 그리고 삼성전기는 핵심부품
을 개발하기로 역할이 분담되었다. 이들 전자관계사 55명이 특
별 프로젝트 팀으로 구성되었고 227억 원의 개발비가 투입되었
다. 하지만 명품은 막대한 개발비가 투입된다고 자동적으로 탄
생하는 게 아니다. 프로젝트에 참가한 멤버들 모두가 콜럼버스
의 달걀과 같은 발상의 전환을 즐기는 사람들이기 때문에 위대
한 명품이 탄생할 수 있었다.

· · · · ·

113

2
도전정신이 목표를 창출한다

하버드 대학의 재미있는 연구 | 하버드 비즈니스스쿨 MBA 과정에 있는 재학생을 대상으로 목표 설정에 관한 연구가 진행된 적이 있다. 연구 결과 재학 시절 뚜렷한 목표를 세우고 그것을 달성하기 위한 구체적인 계획을 세운 학생은 전체 가운데 3%에 불과했고, 목표는 뚜렷하지만 구체적인 실천계획이 없는 학생은 13%를 차지했다. 그런데 재미있는 사실은 그들이 졸업한 후 벌어들이는 수입이다. 목표와 계획이 뚜렷했던 3%는 나머지 97% 졸업생 평균 수입의 10배에 달하는 수입을 올리고 있었고, 목표만 있고 구체적인 실천계획이 없었던 13%는 나머지보다 평균 2배의 수입을 올린다는 놀라운 사실이 나타났다. 이렇듯 목표와 계획이, 같은 강의실에 앉아 있

• • • • •

던 사람들의 운명을 바꾸어놓은 것이다.

필자는 가끔씩 전철을 타고 가면서 주변 사람들의 표정을 살피곤 한다. 사람들의 얼굴에 심각한 고민이 주렁주렁 매달려 있는 것 같다. 장기적인 불황의 그늘 속에서 세상은 점점 살벌해지고 있으며 신문이나 TV를 봐도 구조조정, 최악의 청년 실업률이라는 우울한 뉴스뿐이다.

여러 가지로 심신이 허약해진 사람들이 지칠 대로 지친 모양이다. 그런 모습으로 대부분의 직장인이 오늘도 기계적으로 일어나 생각 없이 집을 나선다. 한치 앞을 내다볼 수 없는 현실 속에서 미래는 언제나 막연하고 자신감은 이미 잃은 지 오래다.

목표가 없는 인생은 성취도 없다 | 그러나 삼성의 주변 풍경은 사뭇 다르다. 늘 분주하면서도 활기찬 발길이 이어진다. 아침마다 밝은 표정으로 출근길에 나서는 삼성맨들, 그들의 가슴을 설레게 만드는 것은 무엇일까? 그들에겐 목표가 있기 때문에 그렇다. 그리고 목표를 향한 도전이 있어 하루하루가 즐거운 것이다.

· · · · · ·

좀 과장된 표현이지만 "목표가 없는 사람은 목표가 있는 사람을 위해 평생 일하는 종신형에 처해 있는 것"이라는 얘기가 있다.

그렇다. 사람은 목표가 있어야 성취를 이룰 수 있다. 목표가 없는 인생은 성취도 없다. 높은 목표를 세울수록 더 큰 성취를 거머쥘 수 있다. 그렇다면 달성 가능성이 희박한 아주 어려운 목표를 설정한 경우에는 어떨까?

영국의 철학자 존 로크(John Locke)는 인간의 목표의식이 성취결과에 어떤 영향을 미치는지를 연구했다. 그는 달성하기 힘든 목표를 정해 일을 해나가면 과업 성과가 높아지다가, 목표달성이 불가능한 수준에 이르면 과업 성과가 급격히 낮아지는 형태가 나타날 것이라는 가설을 세우고 실험을 했다. 그런데 "불가능한 목표달성을 설정한 경우 그 목표에 이르지 못하더라도 과업 성과가 높다"라는 전혀 예상하지 못한 결과가 나타났다.

언제든지 자신의 작은 노력으로 쉽게 이룰 수 있는 목표에 연연하는 사람은 목표의식이 부족한 사람이다. 목표의식이 뚜렷한 사람의 가장 큰 특징은 자신의 능력보다 큰 목표를 세우고 그 목표를 이루고자 부단히 노력한다. 목표를 향해 전진하는 길에서 만나게 되는 여러 가지 어려움은 오히려 목표를 향한 갈망을 부

· · · · ·

추기고 동기부여가 될지언정, 목표를 좌절시키지는 못한다. 어렵다고 포기하는 것은 소망이 없음을 의미할 뿐이다.

난관을 극복하고 목표를 성취하려는 강한 정신이 바로 도전정신이다. 삼성맨들에겐 이런 도전정신이 필수다.

삼성맨들이 다른 회사의 직원들보다 목표의식이 강하고 도전정신이 투철한 이유는 무엇일까? 또 무엇이 그들을 그렇게 만들어가고 있는가? 이는 한 마디로 삼성의 기업문화 때문이라고 볼 수 있다. 삼성의 경영이념이 그렇고, 삼성이 추구하는 가치가 그렇다. 삼성은 직원을 모집할 때부터 창의적이고 도전적인 인재를 선별해서 철저히 교육시킨다. 삼성의 인재육성 시스템은 정부에서도 배우기 위해 위탁교육을 청하고 견학을 하기도 한다. 현재 삼성의 인재육성 프로그램은 세계적으로 벤치마킹의 대상이 될 정도로 잘 갖춰져 있다.

철저한 인재육성도 관건이지만 실제로 그들의 직장 생활의 근간이 되고 있는 인사제도가 철저한 성과 위주의 인사관리 체계로 되어 있다. 개인별 업무성과와 역량에 따른 보상체계가 완벽하게 자리잡고 있기 때문에 내로라하는 우수인재들 간 선의의 경쟁은 그야말로 전쟁이나 다름없다. 그렇다고 무조건 개인별 경쟁이 치열한 건 아니며 사업부별, 그리고 팀별로 팀워크도 대단하다.

조직별로 차별화돼서 성과에 따라 냉정하게 지급하는 생산성 격려금과 초과이익 배분율이 팀워크를 더욱 다지게 만든다. 이렇게 완벽한 인사 시스템 속에서 삼성맨들은 자기 자신과의 싸움은 물론이고 동료들과의 윈윈(win-win)게임에 끊임없는 열정을 쏟는다. 높이 나는 새가 멀리 볼 수 있는 것처럼, 삼성맨들은 높은 꿈과 이상을 가지고 있으며 성공한 자신의 미래 모습을 머릿속에 그리며 살아가는 사람들이다.

육체는 신경 에너지의 명령에 따라 움직이게 되어 있다. 그러므로 마음 속에 성공을 그리는 행위는 자신의 머릿속 한가운데 자리잡은 중앙 컴퓨터에 성공을 프로그래밍하는 것과 똑같은 효과를 발휘한다. 전세계에 삼성의 위상을 마음껏 드높이고 있는, 아니 삼성뿐 아니라 대한민국의 위상을 드높이는 삼성반도체와 애니콜의 신화는 저절로 생긴 것이 아니다. 바로 삼성맨들의 세계 최고를 향한 목표의식과 그 목표를 달성하기 위한 도전정신이 만들어낸 성과인 것이다.

· · · · ·

3
삼성맨은 모두 사장이다

과장급 78%, 언제 잘릴지 불안하다 | '과장급 78%, 언제 잘릴

지 불안하다.' 이 말은

최근 직장의 중간간부들이 느끼는 인력 구조조정에 대한 불안감

을 잘 드러낸 지표다. 헤드헌팅 전문 업체 HR코리아가 기업체

과장 1,025명과 부장 및 임원 518명을 상대로 실시한 설문조사

결과인데 심각한 의미를 던져주고 있다.

　그 내용을 좀더 구체적으로 살펴보면, '현재의 직장에서 느끼

는 불안감은 어느 정도인가?' 라는 질문에 과장급 응답자 49.8%

는 '안정적인 생활을 하고 있지만 때때로 불안하다', 28.8%는

'직접적인 퇴출 압박은 없지만 불안감이 크다' 고 답했다. 또한

'현재 구조조정 압박 때문에 위기감을 갖고 있다' 는 답변은 7.3%

• • • • •

를 차지했다.

반면 부장급 이상은 '불안감이 크다' 는 답변이 50%를 차지했고, '구조조정의 압력을 느낀다' 는 응답자는 14.9%로 나타났다.

조직의 핵심축으로서 중간간부들의 역할이 중요하다는 것에 대해 반론을 제기할 사람은 많지 않을 것이다. 그러나 실제로 이 위치에 있는 중간간부들의 퇴직에 대한 불안감은 실로 심각하다. 이론적으로는 중간간부의 역할이 중요하다고 하면서도 실제로는 그들의 역할이나 신분에 대한 보장이 안 되고 있는 것이 문제다.

최근 진행된 구조조정의 현실을 들여다보면 많은 중간간부가 명예퇴직 대상의 중심에 있다는 사실을 알 수 있다. 삼성이라고 사정이 다른 것은 아니다. 삼성 역시 IMF 구조조정의 한파 속에서 이런 고통을 감수해야 했다. 자의든 타의든 많은 중간간부가 정든 일터를 떠나야 했다.

그 당시 인사부장의 자리에 앉아 있던 필자는 안타까운 마음으로 그들의 앞길을 걱정해야 했는데, 그래도 당당하고 소신껏 자리를 정리하며 동료들과 석별의 정을 나누던 그들의 모습이 아직도 눈에 선하다. 물론 지금 그들의 모습을 보면 크게 성공한 사람도 많고, 더 많은 부를 창출한 사람도 많다. 거의 대부분의 사람들이 새로운 환경과 일터에서, 그리고 자신만의 비즈니스 현장에서 성공적인 삶을 살아가고 있다.

지금 이 순간 필자도 그들과 'OB삼성'이란 울타리 안에서 정보를 교환하고 상부상조하며 우의를 다지고 있다. 삼성의 중간간부 시절 당시 열정적으로 일하던 모습을 추억하며 감회에 젖어들기도 한다.

다른 회사에서 명퇴당한 일반 직장인들의 대화 속에는 전 직장에 대한 불평과 불만, 그리고 배신감 표출이 대단하다. 심지어 자신이 몸담았던 회사를 향해서는 오줌도 안 눈다며 불편한 심기를 드러내기도 한다. 이런 반응은 삼성맨들의 경우와는 사뭇 다른 모습이다.

많은 남성이 자신의 군대 시절을 회상하며 얘기할 때면 입에 거품까지 물어가며 갖가지 무용담을 자랑스럽게 늘어놓듯, 삼성을 떠난 중간간부들의 대화에는 삼성에서 리더십을 발휘해 조직의 성과를 높인 일이며, 불철주야 일과 씨름한 얘기들이 주를 이룬다.

소사장으로서의 직업관 │ 삼성 중간간부들의 직업관은 좀 달라 보인다. 우선 일을 추진하는 마음가짐이나 자세가 다른 기업의 간부들과 다르다. 한 마디로 말해 삼성의 중간간부들은 자신이 맡은 직무에 관해서는 자신이 가장 자신 있게 일할 수 있는 최고의 전문가라는 자부심이 대단하다. 또한 모든 업무에 스스로 책임지고 의사결정을 할 수 있는 최고 결정권자라는 생각으로 가득 차 있다. 즉 자신의 직무에 관해서는 소사장이라는 직업의식이 강한 것이다. 소사장제(Small President System, Intrapreneuring)란 제조업에서 사업장 내에 근무하는 근로자가 생산 라인이나 공정의 일부를 맡아 책임자가 되고, 모기업은 소사장에게 생산 현장에 작업장과 생산설비를 설치 · 임대해 주며, 총무 · 세무 · 회계 · 판매 · 기타 업무를 모두 대행해 지원하고, 소사장은 생산 활동에만 전념하도록 하는 제도를 일컫는다.

제조업이 아닌 서비스 업체에서는 일선 영업현장 책임자가 예산, 인사, 대리점 관리권 등 영업경영 전반에 대한 권한을 사장으로부터 위임받아 소신껏 책임경영을 추구하는 제도로 이해할 수 있다. 소사장은 명실상부한 사장으로서 자아실현을 추구할 수 있는 기회를 가지며 무엇보다 제도적으로 경영성과에 대한 충분한 보상과 배분을 받을 수 있기 때문에 업무에 대한 의욕이 고취되어 생산성 향상을 크게 이룰 수 있다.

삼성의 조직이 강하다는 말은 바로 삼성의 중간간부들이 이러한 소사장으로서의 직업관을 갖고 있다는 의미다. 일을 하다 보면 성공할 수도 실패할 수도 있지만, 실패의 경험을 소중한 자산으로 생각하고 다시 한번 도전할 수 있는 기회를 부여하는 삼성의 조직문화가 이들의 소신을 뒷받침해 준다.

한동안 직장인들의 필독서로 등장해 많은 사람이 읽은 책 중에 《경호》가 있다. 《경호》는 중국어 '공화(工和)'에서 유래된 말로 '화이팅'처럼 열정과 자신감을 불어넣는 구호이자 인사말이다. 《경호》의 저자는 다람쥐의 정신, 비버의 방식, 기러기의 선물 등을 비유로 들며 이 시대를 사는 직장인들에게 목표와 도전의식을 고취하라고 말한다. 가치 있는 목표를 세우고 그 목표를 이루고자 소신껏 일하며, 팀원들 간 서로 배려를 아끼지 않을 때 조직에 활력이 생기고 생산력이 향상된다. 삼성의 중간간부들의 가장 큰 장점은 조직에 활력을 불어넣는 '경호' 정신이 강하다는 점이다. 경호 정신이 강한 것은 소사장으로서의 직업관이 강하다는 것과 무관하지 않다.

・ ・ ・ ・ ・ ・

125

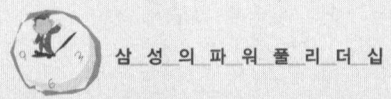

중간관리자의 진정한 역할

미들 업 다운 경영이 필요하다

일본의 노나카 교수는 1990년에 발표한 《지식 창조의 경영》이라는 책을 통해서 미들 업 다운 경영(Middle Up Down Management)이라는 새로운 용어를 소개하며 중간간부의 역할과 그들 존재의 중요성을 강조한 바 있다.

최근 국내 기업 조직에서도 중간관리자가 최고경영층의 비전과 부하 직원들의 창의성을 통합하는 일에 중간관리자의 역할이 날로 커지고 있다. 아울러 계층 상호간의 역동성을 이끌어내는 미들 업 다운 경영의 중요성도 부각되고 있다.

사실상 지금까지 많은 중간관리자들이 부하의 행동을 관찰하고,

업적이 제대로 달성되고 있는지 아닌지 파악하는 데 대부분의 시간을 보냈다.

그러나 부하 직원들의 참신한 아이디어를 수용하거나 지지하지 못하고 오히려 뒷다리나 잡으며, 후배들의 창의적인 아이디어를 무시하는 데 앞장선 중심세력이기도 했다.

그 결과 새로운 조직 환경에서는 중간관리자들의 역할이 더 이상 필요하지 않다는 부정적인 시각이 대두되었다. 그리고 현재 많은 중간관리자가 길거리로 내몰리는 현상이 나타나고 있다.

중간관리자는 조직의 허리 역할을 한다

최근 변화된 조직 환경에 따라 중간관리자들의 위상이 새롭게 조명되기 시작했다. 권력의 중심축이 신세대 쪽으로 이동되기 시작하는 가운데 조직의 생리가 변하고 조직에 대한 구성원들의 충성도가 점점 떨어지고 있다.

이런 가운데 팀제가 도입되면서 팀장의 역할이 크게 확대되었다. 조직의 상하 구성원들 간의 원활한 파이프라인 역할과 코디네이터 역할의 중요성이 새삼 강조되고 있는 것이다.

이렇듯 조직에서 가장 큰 기대와 책임을 지고 있는 중간관리자는 업무적인 지식 및 관련 기술을 잘 파악해야 하고, 모든 정보를 토대로 직원들의 업무를 점검, 피드백할 수 있어야 한다. 게다가 외부의 지식이나 아이디어를 모아 성과 창출로 연결해야 한다.

오늘날의 경영 환경은 최고경영자의 의지나 능력만으로 영위될 수 없는 시대다. 결국 구성원의 창의적 요소를 얼마나 잘 끌어내고 사업화하느냐에 따라 성공 여부가 판가름날 전망이다. 이 과정에서 발휘되는 중간관리자의 역할은 매우 중요하다.

사람의 신체에서 몸 전체의 균형을 유지하고 각 지체가 유연하게 제 역할과 기능을 발휘하기 위해서는 허리가 중요하다는 사실에 재론의 여지가 없다.

기업의 조직 구조에도 이와 동일한 원리가 적용된다고 볼 수 있는데, 그런 측면에서 중간관리자는 조직의 중요한 허리 역할을 맡고 있는 것이다.

※ 중간관리자의 7가지 역할

- 업무담당자로서의 전문가 역할
- 팀 내 업무의 조정자 역할

· · · · ·

- 업무 관련 조언자 역할
- 후배 육성을 위한 교수 역할
- 팀장을 보좌하는 스태프 역할
- 차기 팀장 역할 수행자로서의 코칭 리더 역할
- 조직 내 지식창조자 역할

4

자기계발 없이 삼성맨은 없다

거세게 몰아치는 셀프 튜닝(self tuning) 바람 │ 이건희 회장은
평소 "초등학교
만 졸업한 사람도 한 분야에 관한 책을 1,000권 읽으면 그 분야
에서 전문가가 될 수 있다"고 얘기한다. 학벌이 중요한 것이 아
니라 자기계발을 위한 개인의 노력과 의지가 더욱 중요함을 강
조하는 것이다.

최근 들어 직장인들 사이에서 '셀프 튜닝(self tuning)' 바람이
불고 있다. 자동차를 튜닝(개조)하듯 자신의 '몸값'을 올리는 직
장인이 늘고 있는 것이다. 바쁜 일상 중에도 어렵게 틈을 내거나
황금 같은 주말을 고스란히 반납한 채 미래를 위한 투자에 열심
인 직장인들을 찾아보기란 그리 어렵지 않다.

· · · · ·

사정이 이렇다 보니 자기계발에 미처 관심을 두지 못한 직장인들의 마음은 더욱 불안해진다. 최근 삼성경제연구소에서 "올해에는 이른바 '사오정(45세 정년)' 세대가 대규모 구조조정의 희생양이 될 것으로 보인다"는 내용을 발표하자 불안감이 더욱 증폭됐다고 한다.

혹자는 삼성 사람들은 도무지 빈틈이라고는 찾아보기가 힘들어서 얄미운 구석이 있다고 말한다. 그리고 매사에 똑 소리가 난다는 얘기를 삼성 사람들은 많이 듣는다. 그 이유는 무엇일까? 여러 가지 요인을 들어 설명할 수 있지만 무엇보다 삼성이라는 기업문화가 생동감 있기 때문일 것이다. 더군다나 삼성에는 우수한 인재가 수없이 몰려든다. 엄청난 경쟁을 뚫고 선발된 사람들은 모두들 한가닥씩 하는 인재들임에 틀림없다. 그러나 지금은 한 치 앞도 내다볼 수 없으며 정보의 홍수 시대다. 게다가 디지털이라는 기술의 발전에 힘입어 지금 세계는 73일마다 지식과 정보의 양이 두 배씩 증가한다고 하니 실로 우리는 놀라운 시대를 살아가고 있다.

가치 있는 정보를 누가 먼저 선점하느냐가 경쟁력의 원천이 되는 시대이니 만큼 잠시라도 눈과 귀를 막고 있으면 기회를 놓

· · · · ·

치게 되어 경쟁에서 밀려나는 것은 당연한 이치다. 삼성맨들은 이런 현실을 누구보다도 잘 알고 있다. 따라서 그들은 틈 나는 대로 자기계발을 위해 전력을 쏟는다. 시간을 쪼개고 만들어서 자신을 업그레이드하는 데 투자를 아끼지 않는다.

물론 삼성에는 인재를 육성하기 위한 전략적인 교육체계를 바탕으로 계층별·직군별로 인재개발 프로그램이 완벽하게 준비되어 있다. 하지만 말을 물가에 끌고 갈 수는 있어도 말에게 억지로 물을 먹일 수 없듯, 개개인이 자기계발에 열정이 없다면 아무리 좋은 시스템일지라도 무용지물이다.

삼성맨들은 자기계발을 위한 열정이 대단하다. 신입사원 시절에는 회사 주도의 소양교육과 직장 내 교육훈련을 통해 삼성맨으로 다듬어진다. 그러나 신입사원의 틀을 벗어나는 순간부터는 스스로 자기계발의 길을 찾아나서야 한다. 중견사원이 되고 중간간부로 올라갈수록 자기계발에 많은 공을 들인다. 고참이 되었다고, 오랜 경험과 연륜이 쌓였다고, 넋을 놓고 앉아 있는 사람에게는 곧바로 위기의식이 전가되는 조직이 삼성이다. 삼성맨들은 유난히 '셀프 튜닝'에 열을 올린다. 이런 모습이 바로 현재 삼성에서 근무하는 중간간부들의 현주소다.

· · · · ·

핵심인재로 거듭나기 위한 노력들 ㅣ 삼성맨들은 자신의 업무와 연관 있는 자기계발보다는 폭넓은 식견과 재능을 갖추려는 노력이 대단하다. 이른바 핵심인재로 발돋움하기 위한 열정이라고 해야 할 것이다. 현재 삼성맨들이 무한한 경쟁시대에 살아남기 위해 노력하는 네 가지 모습을 소개하겠다.

우선 삼성맨들은 T자형 인재가 되기 위해 노력한다. T자형 인재는 Specialized Generalist(전문능력+일반능력의 조화)를 의미한다. 즉 한 분야의 전문적인 지식은 타인의 추종을 불허할 정도의 수준을 지향하며, 여기에 일반 분야의 지식까지 섭렵하고자 노력한다. 이 두 가지의 유기적 조합은 새로운 창출을 만들어낸다. Specialized Generalist는 현실에 만족하지 않으며, 철저한 승부근성으로 연구에 몰두한다. 그들은 한 번 손에 잡은 일은 끝장을 보겠다는 프로 근성을 지니고 있다.

삼성맨들이 지향하는 두번째는 창조적 인재(잠재능력, 가치창출)가 되기 위한 노력이다. 이는 세계와 미래를 향한 비전을 창출하고, 기존의 형식주의를 타파하며, 새로운 발상으로 기존 인식의 틀에서 과감하게 벗어나려는 노력이다. 이를 실천하는 창조적

· · · · ·

인재는 뚜렷한 목표의식과 자만하지 않는 위기의식의 균형을 잘 맞추어 새로운 사고로 미래를 꿈꾸는 스타일이다.

세번째는 도전적 인재(변화→ 대응)가 되기 위한 노력을 아끼지 않는다. 삼성맨들은 남다른 용기와 소신을 갖고 있으며, 늘 두툼한 배짱으로 무장한 채 남들이 꺼리고 기피하는 분야에 과감히 도전한다. 도전정신이 강한 인재는 모험정신과 경쟁심도 강하다. 말보다 행동으로 보여주는 실천력도 강하며 작은 실패를 두려워하지 않는다.

마지막 네번째는 글로벌 인재(국제적 감각, 매너, 유창한 외국어)가 되기 위한 열정을 꼽을 수 있다. 지구촌이라는 환경 아래에서 국제적 감각과 매너를 체득해 글로벌 마인드를 갖추고자 노력하는 것이다. 외국문화에 대한 이질감이 없어야 세계화 시대를 선도할 수 있다. 특히 글로벌 인재는 영어 등 외국어 실력이 탁월해야 하는데, 토익이나 토플 등의 점수가 높아야 함을 의미하는 것이 아니다. 일상생활 가운데 사용하는 생활영어는 물론이고, 비즈니스 영어도 유창하게 구사할 수 있는 능력을 갖추고자 삼성맨들은 오늘도 많은 노력을 아끼지 않는다.

・ ・ ・ ・ ・ ・

5
최선을 다해 최고를 꿈꾸는 삼성맨

삼성의 '인재 제일' 이념 │ 매스컴을 통해 세계적인 유명세를
떨치고 있는 발레리나 강수진씨의
발을 본 적이 있다. 아름다운 춤을 추는 여인의 발이라고는 도저
히 믿기지 않는 발이었다. 얼마나 많은 세월 동안, 얼마나 많은
연습을 했기에 그토록 볼품없는 발이 되었을까? 그녀의 발을 보
는 순간 가슴이 뭉클해짐과 동시에 숙연한 느낌마저 들었다. 하
지만 강씨의 발은 세상 어느 누구의 발보다 아름다웠다.

강수진씨는 부단한 노력과 연습으로 만들어진 프로 중의 프로
다. 연습벌레로 소문난 그녀는 한햇동안 토슈즈를 250여 켤레나
사용한다고 하니 놀라지 않을 수 없다.

그녀는 하루 15시간 이상을 연습한다고 알려져 있는데, 19시

● ● ● ● ● ●

간을 무대에서 보낸 적도 많다고 한다. 중학교 1학년 때 발레를 시작한 그녀가 20여 년 동안 사용한 토슈즈만 해도 수천 켤레에 이른다고 한다. 그녀는 "이 정도면 됐다고 생각하는 순간, 그 사람의 예술 인생은 종말입니다"라고 말한다.

삼성의 역사와 기업문화를 살펴보면 언제나 최고 제일주의를 지향했음을 알 수 있다.

특별히 창업주인 고 이병철 회장이 강력한 경영이념 가운데 하나로 내세운 삼성의 '인재 제일' 이념은 삼성맨들의 이정표이자 직장 생활의 지표로 작용한다.

자부심과 엘리트 의식으로 똘똘 뭉쳐 있는 삼성맨들의 모습을 보고 있노라면 거만하다는 생각이 들기도 한다. 혹자는 너무나 치밀한 그들에게서 도무지 빈틈을 찾아볼 수 없어 숨이 막힌다고 말하기도 하는데, 그런 모습의 이면에는 남다른 노력이 숨어 있다는 사실을 알아야 한다.

엘리트는 절로 태어나는 것이 아니라 만들어지는 것이다. 철저한 교육과 훈련을 통해 육성된다는 사실을 간과해서는 안 된다.

기네스 히어로(Guinness Hero) 오늘도 최고를 꿈꾸며 열심히 정진하는 삼성맨들의 현장을 들여다보자. 삼성 SDI는 사원들의 도전정신과 프로 의식이 잘 조화를 이루는 기업이다. 동사는 '한경 레버링에서 시행하는 훌륭한 일터상'을 수상하기도 했다.

또한 모든 분야에서 최고를 추구하자는 취지를 갖고 있는 기네스 히어로 제도는 눈여겨 볼 만하다. 이 제도는 업무 관련 분야는 물론 비업무 분야에서 다양한 최고 기록 보유자를 찾아내 히어로로 선정하고 그 기록과 함께 사내 최고 지존을 가리는 행사다. 기네스 히어로 제도는 사내 임직원을 대상으로 하는 신기록 인증 제도라고 볼 수 있다. 도전정신과 개척정신을 장려하고 기록을 중시하는 기업문화를 만들기 위해 도입한 것이다.

그 내용을 구체적으로 살펴보면, 회사의 경쟁력을 높이거나 타의 모범이 되는 기록인 뷰티풀 레코드, 특이하고 놀라운 기록인 서프라이징 레코드, 사업장별로 재미있는 이벤트를 통해 찾아내는 퍼니 레코드 등 세 부분으로 구성돼 있다. 이렇게 세 가지 분야의 기록으로 지존을 가리다 보니 사원들이 갖고 있는 각종 기록이 모두 심사의 대상이 된다. 예컨대 각종 자격증을 많이 갖고 있는 사람, 가장 높은 토익 점수를 취득한 사원, 가장 오래된 구두를 수선해서 신고 다니는 사람도 지존에 해당되니 참으로 재미있는 제도가 아닐 수 없다. 이 제도는 사원들 간 서로를 인정해 주고 명예와 자부심을 갖도록 해주는 일종의 지렛대 역할을 한다. 제도가 활성화되자 회사는 다방면의 사내 전문가 풀(pool)을 갖출 수 있게 되었고 이를 지식경영의 토대로 활용하고 있다.

사내 명예의 전당 ┃ 삼성엔지니어링은 교육 부문의 기록 보유자들을 발표하는 사내 기네스 제도를 실시하고 있다. 이 제도는 직원들의 자기계발 의욕을 고취하기 위한 것으로서 직원들은 이 제도를 통해 각종 어학 검정, 정보화 능력 등 실력증진에 상당한 성과를 올리고 있다. 1년 동안 시행된 각종 검정과 교육에서 성적이 우수한 사람들이 '사내 명예의 전당'에 올려지는데, 전체 1,200명 직원 중 20명 정도의 극소수만 선정되다 보니 명예의 전당에 이름을 올리기가 여간 어려운 게 아니다. 어학의 경우 영어를 비롯해서 프랑스어, 일어, 중국어, 스페인어, 포르투갈어, 러시아어, 베트남어, 태국어 등 다양한 외국어 부문에서 최고 득점자들이 사내 기네스에 그 이름을 올리고 있다.

정보화 부문에서는 삼성그룹 내 정보화 자격 검정에서 받은 등급을 기준으로 팀 단위의 성적을 매기는데, 공정팀은 2004년 정보화 부문에서 전원 100% 자격증 보유율을 기록해 많은 부서의 부러움을 사기도 했다. 그 밖에 가스기술사, 고압가스, 기계기능사 등 각종 자격증 보유현황도 파악하여 사내 기네스에 반영한다.

한 분야에서 최고의 실력자가 되기까지 걸리는 시간은 얼마나 될까? 노스웨스턴 대학의 벤저민 블룸(Benjamin Bloom) 박사는 이 문제를 조사하기 위해 '재능 개발 프로젝트'란 연구를 실시한 바 있다. 그는 세계 정상급의 조각가, 피아니스트, 체스 선수, 테니스 선수, 수영 선수, 수학자 들의 경력을 조사했다. 연구 결과 이들이 각 분야에서 세계 정상급의 실력을 갖추는 데 걸린 시간은 대체적으로 10~18년이 걸렸다는 사실이 나타났다. 플로리다 주립대학 앤더스 에릭슨(Anders Erickson) 박사는, 미국 카네기멜론 대학의 평범한 학생들을 선발해 102개의 숫자를 기억하는 훈련을 시켰다. 1초마다 한 개씩 102개의 숫자를 들은 후 반복하는 연습을 시킨 것이다. 50시간을 연습한 후 테스트한 결과 네 명 정도가 20개의 숫자를 기억했으나, 400시간 연습 후에는 모든 학생이 102개의 숫자를 기억해 냈다고 한다.

그리고 만 20세를 기준으로 최고의 연주자들을 조사한 결과도 주목할 만하다. 조사 결과, 최고 수준의 연주자들은 1만 시간 이상 연습한 것으로 나타났고, 조금 낮은 기량을 보인 연주자들은 7,500시간 동안 연습했다는 통계가 나옴으로써 연습 시간과 기량 간 상관관계를 보여주었다. 그리고 21세기 세계 최고 수준의 바이올리니스트들이 악기를 다루기 시작한 평균 연령을 조사해 보니 5세로 나타났고, 국내 수준급의 연주자들의 경우에는 평균 8세부터 바이올린을 시작했다고 한다.

삼성의 직원들은 모두 최고를 꿈꾼다. 그리고 꿈을 실현하기 위해 오늘도 자신을 갈고 닦는다. 최고의 전문가, 프로는 하루아침에 만들어지는 것이 아닌 끊임없는 노력과 식지 않는 열정의 결과다. 특히 삼성은 회사 차원의 인재육성 시스템도 최고 수준이지만, 하나라도 더 배우고 익혀 자신의 분야에서 최고 전문가가 되겠다는 삼성맨들의 자기계발 의지가 대단하다.

회사 생활의 하나부터 열까지 모두 자기와의 싸움이요, 동료

• • • • •

들과는 치열한 선의의 경쟁을 벌인다. 또 모든 삼성맨은 매년 자신의 업적과 역량을 평가받는데, 자신이 받은 평가와 동료들이 받은 평가를 비교해 연봉이 결정되며, 그 결과는 자신의 인사 점수로 축적된다. 이는 승진과 승격에 곧바로 직결되기 때문에 최고를 꿈꾸는 삼성맨들은 자기계발에 소홀할 수 없다. 이렇듯 신입사원 시절부터 중간간부가 되기까지 최선의 노력을 쏟는 삼성맨들은 프로 정신이 투철하다. 이 같은 노력이 뒷받침되기 때문에 삼성에 근무하는 직원들의 업무능력과 실력은 가히 최정상급이라고 말할 수 있다. 누구나 아는 평범한 진리이지만, 부단한 연습과 훈련만이 정상으로 가는 지름길이다.

6
차차세대를 준비하라

T e a m • L e a d e r s h i p • o f • S a m s u n g

피닉스파크의 설원에서 펼쳐진 스키 경영론 | 2005년 1월 29일 강원도 평창에 자리한 피닉스파크 스키장. 이 자리에서는 특별한 이벤트가 열리고 있었다. 이건희 회장이 구조본부의 핵심인력들과 전자사장단 14명을 갑작스럽게 불러 모은 것이다.

눈이 부실 정도로 하얗게 펼쳐진 아름다운 설원에서 모든 참가자가 스키복 차림을 한 가운데, 이 회장의 이른바 '스키 경영 특강'이 시작되었다.

"안 된다고 생각하지 마라. 나는 스키를 60세가 넘어서 배웠다. 예순의 나이면 스키를 하다가도 중단한다는데 나는 그렇게 생각하지 않는다. 그리고 어느 정도 실력이 갖추어졌을 때 더욱

· · · · ·

145

조심해서 타야 하는 것이 스키다. 이런 스키의 원리처럼 기업경영 역시 실력을 갖춰 탄력을 받았을 때 더욱 조심해서 경영해야 한다. 이른바 '스키 경영'이다. 사상 최대의 실적을 올리면서 잘 나가고 있을 때일수록 위기의식을 갖고 경영에 임해야 한다."

이 회장은 스키 경영의 원리와 함께 향후 전개될 경영 환경을 예견하기도 했다. 즉 차세대가 아닌 차차세대에 우리가 무엇을 먹고 살아야 하는지 고민해야 한다고 주장하며 미래 경영을 강조했다. 삼성전자가 당기순익 100억 달러를 기록했다고 해서 절대 자만하지 말고, 차차세대의 핵심 사업을 준비하라는 주문을 한 것이다. 주력사업에 대한 집중적이고 과감한 투자도 중요하지만, 연구개발과 핵심인재 확보, 그리고 인재육성에 전력을 기울여 미래를 위한 준비에 철저해야 한다고 강조했다.

반도체 사업의 경우 설비 투자도 중요하지만, R&D(연구개발) 소프트웨어의 경쟁력을 높이는 일이 더욱 중요하다고 강조했으며, 시장의 상황이 급변하는 이동통신 사업도 10년 후를 내다볼 줄 아는 혜안을 갖출 것과 핵심인재에 대한 강조, 그리고 마지막으로 미래를 위한 준비경영을 당부했다.

차세대 핵심기술의 축제인 '삼성학회'가 열리다 │ 삼성종합기술은 2004년 11월 9일부터 나흘 동안 삼성기술전과 병행해서 삼성 그룹 내 R&D 관련 인력을 한 자리에 모아 현안을 논의하는 대규모 학회를 열었다. 이름하여 '삼성학회'다.

이 학회에는 최고경영자(CEO), 최고기술책임자(CTO), 핵심기술인재(펠로우), 일반 연구원 등 삼성의 모든 계열사에서 5,000여 명에 달하는 고급 두뇌들이 한 자리에 모였다. 특히 이 모임이 세간의 주목을 받은 이유는, 삼성이 그룹 차원의 미래성장 동력 모색을 위해 차차세대를 준비하는 '신수종 사업'을 모색하는 전략적인 자리였기 때문이다.

세계 일류상품으로 자리매김한 반도체, LCD, PDP 디스플레이, 소재공정 등 워낙 중요한 핵심기술이 논의된 학회인지라 기술 유출을 우려해 철저한 보안 속에서 진행되었다. 관련 분야 국내 대학과 연구기관의 연구원 참석이 제한되어 다소 아쉬운 점이 있었지만 '멀티미디어 정보 프로세싱', '커뮤니케이션과 네트워크', '신물질 소재', '디바이스', '분석과 실험' 등 5개 기술 분야의 세미나로 진행되었다.

· · · · · ·

동일 분야 연구자와 학자들이 함께하는 학회는 흔한 일이지만 기업이 계열사에서 일하는 핵심 연구인력을 한 자리에 모아 '학회' 수준의 모임을 시작했다는 점이 이채로웠고, 세계의 이목을 집중하기에 충분했다.

특히 학회에는 노벨물리학상 수상자 로버트 러플린(Robert B, Laughlin) 한국과학기술원(KAIST) 총장과 삼성전자 최고기술책임자(CTO) 임형규 사장 등 과학기술 분야 두뇌들이 참가해 자리를 빛냈다. 러플린 총장은 '사이즈 매터스(Size matters)'를 주제로 기조강연에 나섰고, 뒤이어 임형규 사장은 '삼성전자의 성장과 미래 기술전략'이라는 주제발표를 통해 삼성전자 기술개발 방향의 청사진을 제시했다.

이 밖에 삼성의 박사급 연구인력들은 3D 애니메이션모델링, 스피치 사운드 이미지 언더스탠딩 등 신기술 분야 200여 편의 논문을 발표해 삼성학회의 진가를 유감없이 발휘했다. 이 학회는 앞으로 논문발표와 세미나, 그리고 포럼을 통해 그룹 내 첨단기술 정보를 교류하는 장으로 활용될 예정이며 연례행사로 정례화할 계획을 갖고 있다.

2010년, 한국이 먹고 살 것을 준비하자

10년 동안의 장기 불황 터널에서 벗어나고 있는 일본 기업과 가파른 상승세로 치고 올라오는 중국 기업의 기세가 대단하다. 이들과 맞서야 하는 우리나라 기업들은 '차세대 사업' 찾기와 주력사업 경쟁력 강화를 위한 투자에 분주하다.

삼성전자는 이미 4세대 이동통신(4G)을 2010년 이후 차세대 주력사업으로 정하고, 전체 연구개발비의 30% 이상을 4세대 이동통신 분야에 투자하고 있다. 2010년까지 무려 3조 5,000억 원 이상의 연구개발비를 투입할 예정인데, 디스플레이 분야에서는 오엘이디(OLED : 유기발광다이오드)에 대한 연구에 집중하고 있다. 또 둘둘 말 수 있는 '플렉서블' 디스플레이와 입고 다닐 수 있는 웨어러블 디스플레이 연구도 활발히 진행 중이다.

LCD에서는 탕정 단지를 중심으로 2010년까지 20조 원의 예산을 세워놓은 상태다.

반도체에서는 디램과 플래시 분야에 2006년까지 22조 원을 투자할 계획이다. 특히 반도체 분야에서는 중국의 추격을 뿌리치기 위해 플래시 메모리를 대체할 '피램(P-RAM : 상변화 메모리)'

반도체와 '에프램(F-RAM : 강유전 메모리)', '엠램(M-RAM : 강자성 메모리)' 개발에 집중하고 있다.

또한 삼성 SDI는 DP 분야에 2006년까지 1조 7,000억 원을 투자함으로써 확고한 1위 자리를 굳힐 계획이다.

삼성전기의 경우에는 부품 분야에 1조 5,000억 원의 투자계획을 세워두고 있다.

현재 삼성은 사상 최대의 실적을 올리고 있지만 여기에 안주하지 않고 미래지향적인 안목으로 차세대를 뛰어넘어 차차세대를 준비한다. 잘 나가고 있을 때 한발 앞서 미래를 준비하는 삼성 리더들의 행보는 역시 초우량기업다운 모습을 유감없이 보여주고 있다.

종합기술원의 김경수(가명) 선임 연구원은 10년 후 삼성에 대해 묻는 필자에게 이런 말을 들려주었다.

"한 치 앞조차 내다볼 수 없는 불확실성의 시대에, 그리고 기술발전의 속도가 광속에 가까운 현실 속에서 제가 감히 10년 후의 삼성의 모습을 어떻게 얘기하겠습니까? 하지만 '미래지향적인 마인드로 10년 후 우리가 무엇을 먹고 살 것인가를 심각하게 고민해야 한다'고 계속해서 강조하며, 차차세대를 준비하는 삼성

. . . . .

150

경영진의 미래준비 경영 덕분에 삼성의 10년 후는 낙관적입니다. 머지않아 우리나라가 세계를 주름잡는 디지털 왕국이 될 것입니다."

7

삼성의 지역전문가들을 주목하라

깜짝 놀란 GE의 크로톤빌 연수원장 │ 2004년 5월, 세계적인 기업 GE의 인재양성 사관학교 크로톤빌(Crotonville) 연수원의 밥 코코란 연수원장이 한국을 찾았다. 그 동안 삼성은 크로톤빌을 벤치마킹하며 열심히 배웠는데 이제 상황이 역전되어 크로톤빌이 삼성을 엿보러 온 것이다. 그의 방한 목적은 세계가 주목하는 삼성 인재경영의 성공비결을 살피기 위함이었다.

인재경영에 대한 종합적인 브리핑을 받은 밥 코코란 연수원장은 "삼성의 성공비결 핵심은 10년 후를 내다보고 직원 한 명당 수억 원을 투자하는 지역전문가제도"라고 밝혔다.

세계적인 권위를 자랑하는 크로톤빌의 원장이 주목하는 삼성

* * * * *

의 지역전문가제도는 과연 어떤 것일까?

지난 1990년부터 도입된 지역전문가제도는 "그 나라의 기준
으로 인재를 키우자"라고 선언한 이건희 회장의 후쿠오카 발언
을 계기로 국제화 전략 차원에서 시작되었다.

지역전문가 1인당 1억 원을 투자한다 | 지역전문가제도는 입사
3년 이상 된 독신 직원
중에서 애사심이 투철하고 국제화 마인드를 가진 인재를 선발해
해외에 1년씩 내보내는 일종의 자유방임형 해외연수 제도를 말
한다. 말이 해외연수지, 정작 직원이 현지에 파견되면 그야말로
자유롭게 활동하며 파견된 나라의 문화와 지역적 특성들을 몸으
로 체험하고 느끼도록 지원한다. 내 맘대로 실컷 구경하면서 놀
고먹을 수 있는 제도다.

지역전문가 한 사람에게 1년 동안 투자되는 돈은 자그마치 1
억 원 안팎이나 된다. 삼성은 그 동안 이 제도를 통해 14년 동안
60개국, 700여 도시에 2,800여 명의 직원을 파견했다. 지역전문
가 1인당 평균 비용을 1억 원으로 계산한다면 3,000억 원에 이르

· · · · · ·

는 거금을 투자한 셈이다. 그러나 결코 놀고먹는 데 허비한 경비가 아니었다.

그 동안 지역에 파견되어 담당 지역을 누비고 다닌 직원들은 중간 중간에 자신이 몸소 체험한 살아 있는 현지 정보를 실시간으로 인터넷에 올렸다. 그들이 전한 정보들은 살아 숨쉬는 그야말로 값진 것들이었다.

돈을 주고도 쉽게 구할 수 없는 세계 700여 개 도시의 생생한 정보 리포트만 해도 8만 건이 넘는데, 이것은 자그마치 A4 용지로 5만 장이 넘는 엄청난 분량을 과시한다. 사람들의 손길이 제대로 닿지 않는 골목까지 자세하게 들여다볼 수 있는 사진도 10만 8,000건이 넘고, 다양한 계층의 사람과 구축해 놓은 휴먼 네트워크는 지역전문가 활동을 마친 후 귀국해서도 지속적으로 관리된다.

이 같은 삼성의 정보 인프라는 세계를 놀라게 하기에 충분했으며, 이를 바탕으로 한 전략적인 선행 투자와 공격적인 마케팅은 삼성의 무서운 저력이 되어 세계의 이목을 끌기에 충분했다.

특히 신흥국가들의 가전시장 공략은 성공사례로 주목받고 있다. 지역전문가들이 구축해 놓은 지역 인프라와 휴먼 네트워크

· · · · ·

155

를 바탕으로 다른 기업들보다 몇 발 앞서 신흥국가에 진출함으로써 시장을 선점해 나갈 수 있었다.

막대한 인적·물적 자원을 동원해 가며 지속적로 투자한 지역전문가들의 파워가 서서히 발휘되고 있는 것이다. 삼성의 저력은 지역전문가의 힘에서 나온다. 앞으로 삼성의 미래는 지역전문가들이 책임지게 될 것이라는 주장이 설득력 있어 보인다.

전문기사가 딸린 자가용을 타고 다닌다? | 필자는 인사과장 시절에 인도의 고급 기술인력들을 리크루팅하기 위해 출장간 일이 있다. 인도는 1980년대 중반부터 소프트웨어 산업의 잠재력을 인식하고 소프트웨어 수출입 관세 철폐, 소프트웨어 특화지역 육성 등 적극적인 소프트웨어 산업 육성책을 추진해 왔다. 그 결과 우수한 IT 인력이 엄청나게 배출되고 있었다.

특히 IIT(인도 공과대학)를 비롯한 약 2,000개의 기술계 대학에서 해마다 10만 명 이상의 IT 전문 인력이 배출되어 프로그램, 게임기 등 소프트웨어 개발 분야에서 일본을 누르고 선두주자로

부상하고 있었다. 또한 미국의 실리콘 밸리(Silicon Valley)에도 인도 기술자가 대거 진출해 두각을 나타내었기에 인도 현지에 삼성의 반도체 디자인 하우스 설립 가능성을 타진할 목적도 있는 인도 출장이었다.

첫 인도 출장을 나서게 된 필자는 그 동안 인도에서 지역전문가로 활약한 직원들의 현지 보고서를 통해 많은 정보를 사전에 입수할 수 있었다. 출장 예정 지역에 대한 지리적 여건을 비롯해 기후, 환경, 역사적 사건, 종교적 문제와 언어문제, 그리고 여러 가지 독특한 풍습 등을 자세히 알 수 있었다. 게다가 생생한 현지 사진들을 미리 볼 수 있어서 많은 도움이 되었다. 특히 인도 최고 대학인 인도 공과대학 학생들의 수준과 우수 학생들의 진로 등에 대한 정보를 얻을 수 있었기 때문에 출장을 떠나는 발걸음이 여느 출장과 달리 가벼웠다.

나는 인도의 뉴델리로 날아갔다. 그런데 그곳 지역전문가 김상진(가명) 대리가 마중을 나와 있었다. 전혀 연락을 취하지 않았지만 나의 방문을 어떻게 알았는지 김 대리는 공항까지 나와 있었다.

처음 밟아보는 인도 땅이라 설레는 마음과 함께 약간 긴장감

· · · · ·

도 있었던 터라, 마중 나온 김 대리의 얼굴이 반가우면서도 한 편으로는 부담스러웠다. '김 대리에게 나름대로 개인 스케줄이 있었을 텐데…' 라는 생각이 들어 부담되었던 것이다. 김 대리의 차리를 타고 공항을 빠져나오면서 그의 활동에 대한 많은 얘기를 들었다. 인도 물가가 매우 싸기 때문에 고급 자가용을 사고 운전기사도 고용하여 기동력 있게 움직이면서 다양한 정보를 얻을 수 있었다고 한다. 또한 지역전문가로서 각계각층의 사람들과 네트워크를 구축하면서 현지 사정을 누구보다 발빠르게 접하고 있었다. 김 대리는 누구보다 인도가 가진 장점을 최대한 활용하고 있었던 것이다.

필자도 지역전문가로 선발되어 나갈 기회가 있었지만 갑작스러운 인사발령으로 아쉽게도 포기해야만 했다. 당시에는 승진 발령에 기분이 좋고 신바람이 나서 아무 생각이 없었다. 하지만 지나고 나서 곰곰이 생각해 보니 좋은 기회를 놓친 것 같아 삼성을 떠난 지금도 많은 아쉬움이 남는다.

사실 인사부서에서 근무하면 지역전문가로 해외에 나갈 기회가 적다. 인사부서에서 지역전문가의 선발 및 파견과 지원업무를 맡고 있기 때문이다. '중이 제 머리 못 깎는다' 는 말처럼 매년 다른 부서들을 챙기느라 정작 자신들은 가고 싶어도 엄두를 못 내고 속앓이만 했다. 삼성에는 직원들의 능력개발을 위해 여러 가지 제도를 운영하지만 그 중에서도 지역전문가제도는 최고 인기 있는 제도로 자리잡았고 경쟁률도 대단하다. 그 이유는 일단 지역전문가 파견 경험이 있는 사람에게는 주재원으로 다시 현지에 파견될 수 있는 영순위 후보가 될 가능성이 높기 때문이다.

인사담당자도 지역전문가로 선발해야 한다 필자가 인사과장을 하던 시절의 일이다. 당시 필자는 상사와 한판 승부를 벌였다. 필자는 윗분들에게 인사팀 직원들도 지역전문가로 파견해 달라는 의견을 올렸다. "인사팀에서는 지원만 열심히 하면 되는 것이지 무슨 지역전문가 파견이냐", "주관 부서에서 전체적으로 부족한 파견인 수를 차지하게 되면 현장에서 어떤 항의와 비난이 쏟아질지 모르는데 생각이 있는 간부냐"는 질책이 쏟아졌다. "요즘 인사팀 직원이 남아도는 모양이야"라는 쓴소리도 들어야 했다.

· · · · ·

필자는 어차피 그런 상황을 예측하고 있던 터라 일단 한 발 물러서 호흡조절을 했다. 며칠 뒤 상사들의 분위기를 살펴가면서 조심스럽게 다시 의견을 개진했다. 그러나 이번에도 말이 안 통했다.

당시 필자는 연수과장으로 1년 남짓 근무하다가 인사과장으로 발탁되어 근무한 지 얼마 되지 않은 시점에 있었다. 따라서 상사들의 생각에는 내가 인사업무를 잘 모르는 어설픈 간부라 그런 억지를 부릴 수 있을 거라고 생각했는지도 모른다.

그러나 나는 인사업무를 잘 알고 있었다. 인사과장으로 자리를 옮긴 후 인사업무의 전반적인 것을 파악해 보니, 인사업무가 경영의 전략적 파트너로서 갖는 위상보다는 그저 상사들의 의견을 액면 그대로 따르는 것이 다반사였다. 또한 전혀 영양가 없는 잡동사니 일들에 매달려 쓸데없이 바쁘기만 하다는 사실을 알게 되었다.

인사업무야말로 회사의 전략적 중심에 서서 선진화되어야 하고, 전산화할 필요가 있으며, 특히 인사업무의 개념을 확실히 해야겠다는 판단이 섰다.

그리고 인사팀 직원들이 먼저 국제화되지 않으면 안 된다는

* * * * * *

생각을 갖게 되었다. 필자는 이런 생각을 정리해서 장문의 보고서를 만들었는데, 인사팀도 지역전문가로 선발해야 옳다는 당위성을 조목조목 강조했다.

물론 취지가 좋고 일리 있는 말이지만, 현실적으로 당장 추진하는 것은 무리라는 답변과 사내의 거센 반론에 부딪혀 필자의 의견은 관철되지 않았다.

그러나 필자는 이 문제만큼은 절대 포기해서는 안 된다는 신념을 갖고 있었다. 어떻게든 내 뜻을 관철시키고 말겠다는 생각을 굽히지 않았고, 인사팀 직원 중에서 지역전문가 적임자를 비밀리에 선발하는 등 철저한 준비를 해나갔다.

상사와의 한판 승부 | 번번이 거절당한 뜻을 이루기 위해서는 어차피 장기전을 펴는 것이 좋겠다는 생각이 들었다. 그리고 정면돌파 방법으로 상사와 충돌하지 않기로 결정했다.

상사들의 성향을 파악해 보니 바로 위의 상사인 부장보다는 관리담당 임원을 공략하는 것이 더욱 효과적일 거라는 생각이

들었다. 그래서 부장 설득은 좀더 뜸들인 후 나중에 공략하기로 했는데, 사실 이는 위험한 작전이었다. 삼성이 우회 전략을 용납하는 조직이 결코 아니라는 사실을 잘 알고 있는 내가, 자칫 내게 닥칠지도 모르는 위험이 부담스러웠지만 그래도 포기할 수 없었다.

필자는 우연을 가장한 적당한 기회를 만들어 관리담당 임원에게 인사팀의 국제화 전략 필요성을 조심스럽게 전달했다. 담당임원의 생각은 역시 한 차원 달랐다. 필자의 전략을 경청하면서 본인도 그 동안 아쉽게 생각하던 여러 가지 사항을 내게 들려주며 특별한 관심과 지지를 보내주었다. 든든한 후원자가 생겼다는 생각에 강한 자신감이 생겼다. 그러나 문제는 바로 윗상사인 부장을 설득할 일이 난감했다. 워낙 고집도 세고 카리스마가 넘치는 인물이었기에 한 번 안 된다고 거절한 그의 결정을 뒤엎는다는 건 불가능한 일이었다.

그러나 인사팀 내부적으로는 이미 직원까지 선발해 놓은 터라 더 이상 시간을 끌 수는 없었다. 필자는 분위기를 살펴가며 시간이 날 때마다 간접적인 방법으로 집요하게 부장을 설득해 나갔다. 그러던 어느 날 "이제 그 얘기는 입 밖으로 꺼내지도 말라"며화를 버럭 내면서 험악한 분위기까지 연출되었는데 어찌할 도리가 없었다. 사정이 이렇게 되자 필자를 지지하는 관리담당 임원의 힘을 간접적으로나마 빌려야 한다는 생각이 들었다. 그리고 마침내 기회가 찾아왔다.

필자는 그 임원이 주재하는 관련 부서 간부회의 자리에서 지역전문가 선발 문제를 거론했다. 그랬더니 갑자기 부장의 안색이 변하면서 "왜 쓸데없는 얘기를 꺼내느냐"고 윽박지르는 것이었다. 이 상황을 지켜보던 임원은 분위기를 파악하고서 내 주장에도 일리가 있으니 한 번 검토해 보자고 수습에 나서며 다른 주제로 화제를 돌렸다.

회의가 끝나자 난리가 벌어졌다. 잔뜩 화가 난 부장의 목소리가 높아졌다. "당신 지금 나를 뭘로 보는 거야" 하며 몰아붙이는데 정신이 없을 정도였다. 필자는 죄송하다는 말로 사과하면서 부장의 심기를 가라앉히고자 노력했다. 이때 모든 상황을 지켜보던 인사팀 직원들은 필자의 확고한 신념과 강력한 추진력에 많은 지지와 격려를 보내주었다. 지금 생각해도 참 고마운 일이다. 이후로는 회사의 공식적인 자리를 피해 좀더 편한 자리에서 부장을 설득했다.

· · · · · ·

163

그러던 어느 날 부장이 "야 신 과장! 니놈도 참으로 대단해! 너 같은 독종은 내가 처음 본다"라고 말하며 조금은 멋쩍은 웃음을 지어보였다. 그러고는 "그래 내가 졌다"라고 말하며 승낙하는 것이었다.

이런 우여곡절 끝에 인사팀에서도 지역전문가를 해외로 파견할 수 있게 되었다. 인사팀 직원들의 사기는 크게 올라갔고, 사내에서는 한동안 필자의 무모한 도전이 '선무당이 사람 잡는다'는 말과 함께 화젯거리가 되기도 했다.

미국을 첫 출발로 일본, 중국 등 각지로 인사팀 직원들이 지역전문가로 파견되어 많은 것을 보고 배울 수 있었다. 필자는 그들에게 지역전문가 활동 외에 특별한 숙제를 내주었다. 다름 아닌 고급 기술인력과 핵심인재들을 리크루팅하기 위한 사전 준비 및 인프라 구성, 그리고 그들과의 긴밀한 휴먼 네트워크 구축을 주문했다.

이때부터 지역전문가로 활동한 인사담당자들의 큰 활약이 최근 벌어지고 있는 인재전쟁에서 엄청난 성과를 거둘 수 있게 만든 밑거름이 되었는데, 이 사실을 부인할 사람은 아무도 없을 것이다. 인사팀에서 처음 지역전문가로 파견된 직원은 현재 인사담당 임원으로 승진해서 자신의 능력을 한껏 발휘하는 등 핵심인력으로 두각을 나타내고 있다.

삼성을 떠난 필자가 그들이 핵심인재로 활약하고 있는 모습을 지켜보는 것만으로도 큰 보람이 느껴진다. 그 자랑스러운 후배들은 요즘도 필자의 사무실을 심심찮게 찾아온다.

우리는 당시의 일들을 얘기하며 좋은 결실이 맺어진 것에 기쁨을 함께 나누며 흐뭇해한다.

·   ·   ·   ·   ·

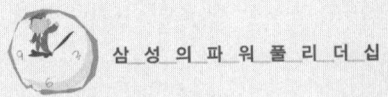

삼 성 의 파 워 풀 리 더 십

삼성엔 삼성 리더십 센터가 있다

GE에 크로톤빌 리더십 센터가 있다면, 삼성에는 삼성 리더십 센터가 있다. 삼성전자 본사에서 운영하고 있는 삼성 리더십 센터에서는 임원들이나 CEO급 최고경영진의 리더십 역량개발을 위한 특별 프로그램도 운영하고 있지만, 특별히 조직의 허리 역할을 하고 있는 중간간부들의 리더십 개발에 총력을 기울이고 있다.

리더십 센터에서는 'Creating Change' 라는 변화 리더십 프로그램을 개발했다. 이 프로그램은 세계적 조직 변화 혁신 전문가인 노엘 티시(Noel Tichy) 교수의 《리더십 엔진(Leadership Engine)》을 근간으로 해서 개발됐으며, 리더가 먼저 변해야 조직이 변하고 리더가 구성원으로 하여금 변화를 추진할 수 있도록 이끌어나가야 한다고 교육시킨다.

• • • • •

구성원의 변화를 이끌어내려면, 리더는 구성원에게 어떤 식으로든 변화에 동참하고 변화를 창출할 수 있는지 알려줄 수 있는 명확한 관점(Teachable Point of View: TPoV)이 필요하다. 이러한 관점을 가짐으로써 리더 스스로도 자신을 변화시킬 수 있는 명확한 방침을 갖게 되고 구성원 역시 명확한 비전을 갖게 된다.

TPoV를 갖기 위해서는 기본적으로 세 가지 요소가 필요하다. 이 세 가지 요소는 변화 창출을 위한 아이디어(Idea), 이러한 아이디어가 실천 가능하도록 지지받을 수 있는 행동가치(Value), 그리고 사람들이 이러한 변화를 창출할 수 있도록 동기부여하고 의사결정을 명확히 내리는 것(Energy/Edge)이다.

Creating Change 프로그램은 이러한 세 가지 요소를 리더가 갖출 수 있도록 6단계 모형에 따라 순차적인 학습을 할 수 있게 한다.

1단계는 변화 창출을 위한 아이디어를 찾기 위해서 기본적으로 자신의 리더십 수준을 파악하고, 회사의 경영 내·외부 현실을 파악하는 단계다(Facing Reality). 자신의 역량에 대해서 명확히 인식하고, 자신이 속한 조직이 어떤 상황에 있는지 평가도구를 통해 분석함으로써 변화를 위한 아이디어를 찾는 준비단계다.

2단계는 현실 인식을 통해 드러난 문제점을 가지고 변화 창출을 위한 실천 아이디어를 찾아내는 단계다(Creating Ideas). 이 단계에서는 브레인스토밍을 통해 많은 아이디어를 찾은 뒤 점차 가장 효과적으로 실천할 수 있는 3~5개의 아이디어를 찾는다.

3단계는 이렇게 찾은 아이디어를 실천할 수 있도록 도와줄 수 있는 기저 가치를 확인하는 단계(Developing Values)다.

4단계에서는 변화를 위한 실천 아이디어와 행동 가치를 실현하기 위해 본인이 적극적으로 몰입할 수 있는 방법을 찾고, 구성원을 동기 부여하고, 변화에 에너지를 불어넣을 수 있는 방법을 찾도록 한다 (Energizing People).

5단계는 업무와 사람 측면에서 변화 실천에 방해가 되는 것이 무엇인지를 찾고, 또 그 장애 요인을 없앨 수 있는 수단을 찾아 명확히 의사결정을 내리도록 한다(Developing Edge).

6단계에서는 자신의 변화 실천 스토리를 작성한다(Telling the Story). 그리고 앞의 5단계를 종합해서 현재 우리의 현실이 어떠한지, 왜 우리가 변해야 하는지, 어떻게 변화를 실천해 나갈지를 단순한 미션 정립이 아닌 하나의 스토리로서 적어나간다.

이러한 Creating Change를 통해서 리더는 자신의 리더십에 대한 강점과 약점, 그리고 회사의 상황이 무엇인지를 깨닫고 또한 주어진 현실에 맞게 구성원을 동기부여한다. 나아가 일에 대해 명확한 의사 결정을 내림으로써 변화를 위한 구체적인 목표와 방향, 그리고 실천 과정을 보여주는데 이를 바탕으로 성공적인 변화를 창출할 수 있다.

8
삼성은 평생직장인가?

일하고 싶은 1위 기업 – 삼성　　최근에 경제 전문지 〈포브스
(Forbes)〉 한국판이 구직업체 인크

루트와 함께 직장인 1,492명을 대상으로 설문 조사를 실시했다.
'가장 일하고 싶은 기업은 어디인가?'라는 물음에 응답자의
32%(769명)가 삼성전자를 꼽았다. 2위는 현대자동차(6%), 3위는
LG전자(5%)가 차지했다. 특히 유한킴벌리가 3.7%로, 포스코
(2.5%), SK텔레콤(2.4%) 등을 제치고 4위에 오른 점이 주목을 끌었
다. 응답자들이 가장 일하고 싶은 기업으로 삼성전자를 꼽은 세
부적인 이유로는 '급여(38.6%)', '안정성(32.4%)', '자기계발(14%)'
순이었다. 헤드헌터들에게는 '강력하게 추천하고 싶은 직장이 어
디인가?'라고 물었다. 헤드헌터들 역시 삼성전자(68명)를 최고의

직장으로 꼽았다. 포스코(51명)와 SK텔레콤은(48명) 2위와 3위에 올랐다. 다음으로는 삼성SDI(28명), LG전자(28명), 현대자동차(23명), CJ(22명), KT(17명), SK(17명), 팬택앤큐리텔(17명) 순이었다. 헤드헌터들은 왜 이들 업체를 최고의 직장으로 선정했을까. 그 이유는 '안정적인 직장(66명)'이란 반응이 단연 앞섰다. 그리고 '높은 연봉(52명)', '인력개발 지원 우수(46명)', '높은 성장성(45명)', '직원 복지(43명)', '기업문화(37명)' 등이 뒤를 이었다.

취업 전문 사이트에서 대학생들을 대상으로 매년 조사하는 설문에서도 최고의 직장은 언제나 삼성전자라는 사실을 새삼 거론하고 싶지는 않다.

평생직장보다 평생직업을 추구한다 | 과연 삼성은 평생직장으로 선택할 만한가?

필자는 인사부에 근무하면서 많은 삼성맨의 의식을 살펴볼 기회가 있었다. 그러나 놀라운 사실은 대다수의 삼성맨이 삼성을 평생직장으로 생각하지 않는다는 점이다. 정말로 놀라운 결과가 아닐 수 없다.

삼성맨들이 삼성을 평생일터로 여기지 않는 이유는 의식의 변화에서 찾아볼 수 있다. 최근 웰빙 열풍과 함께 평생직장보다는 평생직업을 선호하는 직장인이 부쩍 늘었다. 이것은 시대적인 요구와 함께 불어닥친 새로운 직업관에 대한 거센 변화의 물결이다. 비단 직장인뿐 아니라 기업체 역시 같은 생각을 갖고 인사정책을 전개하고 있다. 이제는 한 직장에서 정년퇴직까지 근무하기란 하늘에서 별 따기만큼이나 어려운 일이 되었다. IMF 금융위기가 몰고온 자연스러운 결과라고 볼 수도 있지만, 한 치 앞을 내다볼 수 없는 불확실성의 시대에서 생존하기 위한 기업들의 전쟁은 더욱 치열할 수밖에 없다. 이 말은 소수정예 핵심인재들로 승부를 걸어야 살아남을 수 있다는 논리로서 인사의 시스템이 전환되고 있는 것이다.

이러한 현실을 주도하고 있는 삼성은 일찌감치 새로운 인사시스템을 가동시켰다. 삼성의 인사 시스템은 철저한 성과주의를 바탕으로 삼고 있기 때문에 평범한 것을 좋아하고 현실에 안주하고 싶어하는 사람들, 그리고 변화를 두려워하면서 머뭇거리는 사람들은 언제나 위기감을 갖게 된다.

성과 부진자 그룹의 눈앞에는 퇴출의 문이 열려 있다는 사실

．　．　．　．　．

을 기억해야 한다. 그렇기 때문에 대부분의 삼성맨은 삼성을 평생직장이라고 생각하지 않는다. 하지만 삼성은 여전히 매력적이고 도전해 볼 만한 직장이다. 무엇보다 자신의 꿈을 키워갈 수 있는 국제화된 기업임에 틀림이 없다. 창의적·도전적인 인재들, 성취감을 즐기는 인재들의 천국이 바로 삼성이다. 그러나 이들 인재도 자기 자신을 철저하게 관리해야 되는 조직이 삼성이다. 늘 부단한 노력으로 자신을 업그레이드해야 생존할 수 있는 조직인 것이다.

필자가 삼성에 입사해서 큰 감동을 받은 행사 가운데 아직도 선명하게 기억하는 장면이 하나 있다. 다름 아닌 평생 동안 삼성을 위해 일하다가 영광스럽게 정년퇴임을 하는 선배들을 전송하는 자리다. 이 자리에서는 모든 임직원이 모여 그 동안의 노고를 감사패에 담아 전달하고 순금으로 된 행운의 열쇠와 많은 기념품 전달이 격조 있게 진행된다. 그리고 정성스런 마음을 모아 아름다운 꽃다발을 증정하는데 매번 감동의 드라마가 연출된다. 필자는 은퇴하는 선배들의 자랑스러운 모습을 지켜보면서 나도 훗날 자랑스러운 삼성맨으로 은퇴하고 싶다는 생각을 갖곤 했다. 그 자리에 모인 모든 임직원이 아마도 필자와 같은 생각을 머릿속에 그렸을 것이다.

얼마 전 동생처럼 아끼는 이영진(가명) 차장으로부터 만나보고 싶다는 연락이 왔다. 그는 필자의 사무실이 있는 양재동 쪽으로 나를 찾아왔다. 우리는 함께 차를 마시며 이런저런 얘기로 시간 가는 줄 몰랐다. 저녁을 함께 먹고 식사가 끝날 무렵 '아무래도 이 친구 뭔가 고민이 있구나' 하는 생각이 들어 속내를 얘기해 보라고 다그쳤다. 아니나 다를까 그는 장래에 대한 고민을 내게 털어놓기 시작했다.

이 차장은 삼성 SDS에서 엔지니어로 근무하고 있었는데, 최근에 있었던 평가에서 작년보다 부진하여 연봉등급이 내려갔다고 들려주었다. 그 동안 줄곧 A등급 이상 받아온 그가 이번 평가에서는 B등급으로 떨어졌다는 것이다. 연봉이 깎인다는 것은 자존심이 깎이는 것과 진배없는데 어떻게 조직에 남아 있겠느냐는 푸념이었다. 자신은 예전처럼 변함없이 열심히 일하지만, 최근 다른 팀에서 온 동료 두 사람이 자신보다 훨씬 뛰어난 능력을 발휘하며 치고 나간다는 얘기였다. 결국 어쩔 수 없는 상대적 열세라는 말이었다. 이 차장은 자신의 고민을 계속 이어나갔다.

· · · · · ·

7년 동안만 다니고, 과장까지만 해본다

실제로 필자는 삼성에 입사할 때부터 한 가지 뚜렷한 목표를 갖고 있었다. 그 목표는 '7년 동안만 다니고, 과장까지만 해본다'라는 것이었다. 7년 정도면 과장까지 승진할 수 있을 테니, 간부 경험도 어느 정도 쌓은 후 삼성을 떠나 내가 직접 기업을 경영하겠다는 생각을 했다. 좀 쑥스러운 고백이지만, 필자는 대학생 시절부터 내 이름을 붙여 '신원그룹'이라는 회사이름까지 만들어놓고 이 꿈을 늘 가슴에 품고 살았다.

필자는 공채 23기로 삼성에 입사해서 한 달 동안 힘겨운 신입사원입문 교육을 받게 되었다. 교육이 마지막에 이르렀을 때, 그동안 교육을 통해 느끼고 깨달은 점과 삼성맨으로서의 포부와 각오 등을 발표하는 자리가 마련되었다. 이 행사는 교육을 마무리하는 아주 중요한 하이라이트였다. 연수원의 모든 고위 인사와 지도 선배가 참석했고 신입사원들은 한 사람씩 단상에 올라 자신의 소감과 각오를 발표했다. 필자의 입사 동기생 모두가 대단한 포부와 각오를 얘기하고 있었다. 삼성맨으로서 그룹의 최고경영자 자리까지 꼭 가고야 말겠다는 각오와 의지표명이 나올 때마다 우레와 같은 격려의 박수가 터져나왔다. 마침내 필자의 순서가 돌아왔다. 그런데 필자는 허황된 얘기를 하고 싶지 않았다 실제로 목표로 삼고 있는 사실을 있는 그대로 발표했다. "저는 7년 동안만 삼성에 다니고, 과장까지만 해보겠습니다." 갑자기 장내의 분위기는 찬물을 끼얹은 듯 가라앉고 말았다. 필자는 개념치 않고 근무하는 동안 최선을 다해서 그 누구보다도 열심히 일하는 멋진 삼성맨이 되겠다는 다짐을 하고 내려왔다. 동료들과 지도 선배들이 나를 보고 수근거렸다. "참 이상한 친구네!"라고….

실제로 필자는 어느 누구보다 삼성맨으로서 열심히 일했다고 자부한다. '내가 목표로 하는 신원그룹이 먼 훗날 삼성그룹과 어깨를 나란히 하는 일류기업으로 키우겠노라' 는 의지를 다지며 세월 가는 줄 모르게 열심히 뛰었다.

결국 필자는 처음 목표로 삼은 7년 근무에 과장까지 승진함으로써 충분히 목표를 달성했다. 삼성에서 근무한 직장 생활에 많은 보람을 느꼈고 나름대로 성취감도 강했다. 결국 필자는 더 많은 것을 배우고 더 많은 것을 해보고 싶은 욕심이 생겨 스스로 목표를 수정하고 말았다. 그래서 인사부장까지 맡아 일했고 18년 가까이 삼성맨으로 근무했다. 그러나 목표를 수정한 것에 일말의 후회도 없다.

· · · · ·

9
위대한 일터를 향하여

〈포천〉 선정 100대 기업 세계적인 경제잡지 〈포천(Fortune)〉
은 지난 1998년부터 미국에서 가장
일하기 좋은 직장, 일명 '훌륭한 일터 100대 기업 (Great Work-
place Fortune 100)'을 발표하고 있다.

훌륭한 일터를 선정할 때 지표가 되는 것은 기업에 대한 신뢰
도와 만족도, 그리고 동료애다. 이들 지표에 대한 종업원의 설문
조사를 실시해 일하기 좋은 직장을 선정한다. 이는 구성원의 평
가가 기업의 향후 성과를 예고하는 지표가 된다는 점에서 시사
하는 바가 매우 크다. 미국의 경우, 훌륭한 일터로 선정된 기업
은 성장성이 뛰어나고, 주가상승률도 시장 평균보다 높게 나타
난다. 〈포천〉이 선정한 '미국에서 일하기 가장 훌륭한 100대 기

업'은 최근 3년 간 연평균 주가수익률이 무려 37%에 달한다. 그런데 같은 기간 S&P 선정 500대 기업의 연평균 주가수익률은 25%에 그쳤으니 비교할 만하다.

〈포천〉이 선정하는 '훌륭한 일터 100'에 들면 주가수익률 상승뿐 아니라, 고급 핵심인재가 몰려들어 즐거운 비명을 지른다고 한다.

기업을 운영할 때 가장 중요한 요소는 그 기업에서 일하는 인재다. 즉 사람이야말로 가장 소중한 자산이며, 기업의 경쟁력은 구성원 개개인의 경쟁력에 달려 있는 것이다. 조직의 구성원과 경영진이 상호 진심으로 신뢰하며 서로의 발전을 위해서 노력을 아끼지 않을 때, 조직은 시너지를 창출할 수 있다. 이렇게 되면 구성원들에게 자부심이 생기고 활력과 창의력이 넘쳐나게 된다. 이는 곧바로 기업의 경쟁력으로 이어진다.

한경-레버링 훌륭한 일터(Great Workplace : GWP)상 우리 나라에서도 '훌륭한 일터 만들기 운동'이 열기를 더해가며 적극적으로 전개되고 있다. 2002년 아시아권에서는 처음으로 〈한국경제신문〉과 엘테크 신뢰경영연구소가 공동으로 '훌륭한 일터(Great Workplace : GWP)' 시상 제도를 만들었다. 상의 취지는 신바람 나는 일터문화를 확산시켜 기업은 물론 국가경쟁력까지 높여보자는 데 있다. 이 상은 미국의 〈포천〉이 1998년부터 시행하는 '미국의 훌륭한 일터 100'을 벤치마킹한 것으로, 운동의 창시자 미국의 로버트 레버링(Robert Levering) 박사의 방법과 도구를 그대로 사용하기 때문에 상에 대한 공신력과 위상이 높다는 것이 전문가들의 공통된 의견이다.

하이테크 산업의 비약적인 발전과 세계화의 급속한 진전으로 말미암아 그렇잖아도 국내기업 사이에 뜨거운 인재확보 경쟁이 벌어지고 있는 상황에서, 또 로버트 레버링의 주장처럼 인간중심의 신뢰경영은 앞으로 기업의 당연하고 중요한 가치가 될 것이란 점에서도 이 운동을 더욱 확산시킬 필요가 있다.

2002년 10월에 실시된 제1회 '한경-레버링 훌륭한 일터상'에서 국내 최고 20개 기업이 선정되었는데 그 중 삼성전자의 반도체 부문인 DSN 총괄이 1위를 차지하는 영광을 누렸다. 삼성전자는 필자가 인사부장으로 근무하던 1998년에, 국내에서 가장

- - - - - -

먼저 '훌륭한 일터' 운동을 도입했다. 실제로 로버트 레버링 박사가 개발해 미국에서 사용하는 진단도구와 평가방법을 그대로 가져다가 실시했다. 우리는 이 도구를 사용해 삼성의 현실적인 문제점이 무엇인지, 강점은 무엇이고 약점은 무엇인지 분석했다. 주요 항목별로 상세하게 분석된 삼성의 현 주소가 그대로 조명되었다. 마치 종합병원에서 환자의 건강 상태를 알아보기 위해 MRI를 찍어 결과를 보듯 상세한 내용을 속속들이 진단할 수 있었다. 이렇게 분석한 현황을 사실 그대로 경영진으로부터 시작해 부서장과 사원에 이르기까지 함께 공유하며 자신들의 모습을 돌아보게 했다.

실제로 삼성의 현재 평가지수를 놓고 〈포천〉이 선정하는 100대 기업에 들어갈 수 있는지도 간접적으로 비교했다. GWP 운동을 본격적으로 추진하기 위해 핵심인력들을 선발했고 특별히 추진 사무국을 만들었다. 그리고 모든 교육과정에 GWP를 만들기 위한 전략과 전술이 반영되어 총력 지원체제로 움직이기 시작했다. 직원들은 브레인스토밍을 통해 아이디어를 모으면서 명실공이 초일류기업으로 거듭나기 위한 운동을 대대적으로 전개해 나갔다.

보람의 일터 핵심 키워드 3가지 | 보람의 일터를 만들기 위해서 필요한 핵심 키워드는 3가지로 요약되었다. 하나는 '경영진과 종업원 간의 신뢰가 얼마나 형성되어 있는가?'였고, 두번째는 '자신이 몸담고 있는 조직에 대한 자부심과 자신의 일에 자부심이 얼마나 강한가?' 하는 문제였다. 마지막 세번째 핵심 키워드는 '함께 근무하는 종업원들 사이에 동료애가 얼마나 깊으며 이를 바탕으로 근무하면서 재미를 느낄 수 있느냐?'는 것으로, 일하는 재미와 관련된 키워드다. 삼성의 중간간부들은 이 세 가지 핵심 키워드를 기초로 '감동의 일터', '보람의 일터'를 만들기 위해 자신들이 무엇을 해야 하는지를 부각시키면서 분위기를 잡는 데 총대를 메고 앞장선 사람들이다. 실제로 경영진과 종업원들 사이에 어느 정도 수준의 신뢰가 구축되어 있느냐의 문제를 경영진이 직접 나서 얘기한다는 것 자체가 어색한 일이다. 조직과 일에 대한 자부심이나 일하는 재미에 관한 문제 역시 마찬가지다. 따라서 중간간부들이 일선에 나서 리더십을 발휘하는 모습은 매우 자연스러운 일이다. 실제로 삼성의 중간간부들은 먼저 자신들의 위치와 역할에 대한 인식을 갖고서 솔선수범하자는 결의를 다지며 보람의

．．．．．．

183

일터를 만들기 위해 일제히 앞장섰다.

또한 중간간부들은 '자부심을 느낄 수 있는 직장', '신뢰와 재미가 넘치는 일터', '가정과 같은 일터'를 만들어보자고 의지를 다지면서 솔선수범했다. 그들은 GWP 운동의 전도사가 되어 적극적으로 뛰었다. 모이면 분위기를 조성하고, 또 모이면 토론하고 아이디어를 모으고, 실천 아이템을 선정해 나갔다.

그리고 각 팀과 그룹별로 중간간부들의 리더십이 중요한 영향력을 발휘함으로써 회사 전체를 한 방향으로 몰고가기 시작했다. 이렇게 중간간부들과 부서장들이 중심이 되어 모든 임직원이 노력한 결과 성과가 사업장 곳곳에 나타나기 시작했다. 신뢰의 분위기가 고조되었으며 종업원 개개인은 조직과 자신의 일에 대한 자부심을 갖게 되었다. 또한 동료들 간의 우정과 동료애를 바탕으로 재미를 느낄 수 있는 직장으로 변해가기 시작했다. 이런 분위기 속에서 회사는 회사대로 종업원들의 복지증진을 위해 여러 가지 인사제도를 정비해 나갔으며, 아낌없이 투자를 계속했다. 회사의 적극적인 지원과 투자는 연쇄적인 시너지를 창출했고, 그 결과 GWP 1위 기업에 오를 수 있었다.

삼성전자에 이어 원년에 2위에 오른 삼성SDI는 CEO가 직접 나서서 종업원들을 만족시키는 감동경영을 펼쳤다. 그 결과 신뢰의 문화가 강하게 구축되었고, 직원들의 자기계발까지 회사가 책임지는 교육지원제도와 6시그마 등 놀라운 성과 창출이 이어졌다. 이렇게 창출된 성과를 직원들의 보상 시스템으로 연결함으로써 그들의 자부심을 한층 높여 일하기 좋은 직장, 훌륭한 일터로 자리잡아가게 되었다.

"삼성SDI 가족이 된 것을 축하드립니다. 사장이라기보다는 자녀를 둔 부모의 입장에서 최선을 다해 보살피겠습니다."

삼성SDI에 입사한 신입사원의 부모들은 예고도 없이 이 회사의 김순택 사장으로부터 이색적인 '선물'을 받았다. '자녀들을 인재로 잘 키워줘서 고맙다'는 김 사장의 영상 메시지가 담긴 비디오 테이프였다. 이 테이프에는 김 사장의 감사 인사 외에도 신입사원들의 합숙교육 장면, 회사의 사업현황 소개, 홍보영화 등도 담겨 있었다.

"인생의 선배로서 신입사원들이 끊임없이 배우고 성장할 수 있도록 동기부여를 할 것"이라는 김 사장의 진솔한 다짐을 접한다면 감동하지 않을 부모가 없다.

· · · · · ·

이러한 감동경영을 지속적으로 실시한 결과, 삼성SDI는 2003년 제2회 '한경 - 레버링 훌륭한 일터상'에서 영예의 1위를 차지해 모든 기업을 놀라게 했다. 삼성SDI가 삼성전자에 이어 GWP 1위 기업으로 발돋움하게 된 이면에는 중간간부들의 빛나는 리더십이 있었다.

필자는 삼성전자에 근무하는 대학 후배들과 1년에 한두 번씩 꼭 모여서 존경하는 모교 스승님을 모시고 저녁식사를 해왔다. 삼성에 입사해서부터 지금까지 줄곧 이 일을 하고 있으니까 20년이 족히 넘은 셈이다. 올 설 연휴 때도 어김없이 반가운 얼굴들이 모여 얘기꽃을 피웠다. 늘 모이는 멤버 중 가장 선배인 필자와 다른 한 사람만 삼성을 떠났고 나머지는 모두 중간간부로 근무하며 건재함을 과시했다. 필자는 승진할 계획에 있는 후배들에게 축하의 인사를 잊지 않았다. 그리고 대화는 '어느 자리까지 승진할 수 있을까?' 하는 방향으로 진행되었다. 사실 자리에 참석한 이들은 모두 조직에서 인정받는 훌륭한 중간간부들이었다. 자부심도 대단할 뿐만 아니라 전문가로서의 실력과 프로 근성도 갖춘 사람들이다. 직장의 분위기는 한결같이 좋다고 말했다. 워낙 회사가 잘 나가고 있기 때문에 연봉보다 많은 인센티브와 성과급 파티에 부러울 것이 없다고 한목소리를 냈다. 또한 신뢰와 자부심, 일의 재미 등 모두 모두 나무랄 데 없다고 들려주었다. 한 가지 문제는 점점 치열해지는 부서 간, 동료 간 경쟁 때문에 많은 스트레스를 받는다고 한다. 어떤 후배는 '경쟁이 아니라 눈에 보이는 전쟁'이라고까지 표현했다. 다른 직장에 다니는 친구들은 웰빙이나 주말 가족여행이 관심사인 반면 자신은 업무 스트레스 때문에 힘들다고 말했다. 회사의 모습은 점점 GWP로 가고 있으며 또 그런 회사의 모습에 공감하지만, 평생직장이 아닌 평생직업의 관점에서 이제는 심각한 고민을 해봐야 한다는 목소리가 제법 높았다. 삼팔선은 이미 무너진 지 오래고, 지금은 삼일절(31세 절망)이 다가왔다고 한다.

· · · · · ·

10

10년 후의 삼성

삼성 신경영의 미래 비전 | "삼성은 2010년까지 매출액 270조 원
및 세전이익 30조 원을 달성함으로써
브랜드 가치를 700억 달러로 높이고, 세계에서 1등 하는 제품을 50
가지 확보하여 '세계에서 가장 존경받는 기업'으로 성장한다."

2003년 6월 5일, 삼성그룹은 서울 신라호텔에서 이건희 회장
과 계열사 사장단 50여 명이 참석한 가운데 그 동안 그룹의 사활
을 걸고 지속적으로 추진해 온 신경영 사업을 결산하는 '신경영
10주년 기념 사장단 회의'를 열었다. 그리고 이 자리에서 위의
내용을 골자로 하는 2010년 장기 비전을 발표했다.

삼성의 희망과 저력을 세상에 공포하는 순간, 모든 참석자들의
가슴은 감격으로 벅차올랐다. 내 마음 속에는 '삼성이라면 이 비전

• • • • •

을 충분히 이룰 수 있을 것이고, 오히려 목표보다 초과달성할 것이다'라는 확신이 있다. 이 회장은 회의에 앞서 "나라와 국민을 위해 10년 안에 국민소득 2만 달러 시대로 가야 한다"고 강조하며 미래를 위한 삼성의 신수종 사업에 대해서는 "세계적인 1등 제품 50개를 만들면 자연스럽게 문제가 해결된다"고 강한 자신감을 보였다.

또한 이 회장은 "신경영을 도입하지 않았다면 삼성이 2류나 3류로 전락했거나, 심지어 망했을지도 모른다는 생각에 등골이 오싹하다. 지금 우리 경제는 과거 선진국도 겪었던 '마(魔)의 1만 달러 시대 불경기'에 처해 있다. 10년 전 신경영 선언 당시와 유사하다"고 밝히며 현재의 경영 환경을 진단했다. 그리고 "선진국과의 격차는 좁혀지지 않고 중국의 추격이 가속화되고 있어 자칫 5~10년 뒤 우리의 생계에 영향을 미칠 산업이 바닥날 수도 있다. 이를 슬기롭게 극복하려면 국가 차원에서 핵심인재를 발굴 · 양성해야 하고, 삼성이 적극적으로 나서야 한다. 이와 연장선상에서 글로벌 시대를 이끌어나갈 '천재급 인재 확보'를 위해 사장단이 적극적으로 나서야 한다"고 강하게 촉구했다. 이 회장의 경영론과 기업철학, 그리고 인재 경영에 대한 의지가 얼마나 강한지를 엿볼 수 있는 대목이다.

2010년 삼성의 목표는 단연 세계 초일류기업이다. 이를 위해서 삼성은 4대 핵심전략을 정하고 강력히 추진하기로 했는데 그 내용은 다음과 같다.

- 5~10년 뒤를 대비한 글로벌 인재 경영
- 세계 1등의 제품과 서비스 경쟁력 확보
- 미래 성장 엔진 발굴을 통한 기회선점 경영
- 사회와 함께 성장하는 사회 친화적 경영

삼성은 미래의 핵심사업으로서 지능장치, 반도체, 소재부품, 헬스케어, 네트워크 사업 등을 준비하고 있다. 이 회장이 '천재급 인재 확보'의 중요성을 강조한 이유는, 이들 사업의 성공을 위해서는 설비투자보다 신기술을 끌어갈 인재가 최우선이란 인식에서 비롯된 것이다.

글로벌 스탠더드 체제 도입 | 현재 삼성은 세계가 주목하는 일류기업으로 도약하고 있다. 따라서 그 동안 경영 활동상 암묵적이고 모호하던 기준을 국제사회

에서 통용되는 세계적인 기준에 맞춰 확립하고 명문화할 필요성이 커졌다. 삼성은 국제적인 경쟁력을 갖추고자 글로벌 스탠더드를 따르는 작업 전개에 나섰다.

그 첫번째는 주주의 이익을 중시하는 경영이다. 대주주만을 생각하지 않고, 주식을 팔고 사는 모든 주주를 만족시키기 위해 평가 제도를 바꾸었다. 경제적 부가가치(EVA)의 관점에서 투자가치 대비 영업이익을 얼마나 올렸는지 사업단위별로 평가하고 회사 차원에서는 시가총액도 평가요소에 포함했다.

두번째 지배구조를 바꾸었다. 경영의 투명성을 확보하고, 이사회 중심의 책임경영체제를 구축하기 위해 사외이사 비중을 50% 이상으로 확대했다. 그리고 기존의 감사제도도 바꾸어 감사위원회를 구성하고, 위원장을 사외이사로 선임해 감사의 독립성을 높이고 있다.

세번째 회계의 투명성을 높였다. 세계적으로 신뢰도가 높은 SAP시스템을 도입함으로써 국내와 해외 법인이 동일한 방식으로 회계를 처리하고 있으며, 거의 실시간으로 경영정보 파악이 가능해졌다.

네번째 인사제도를 능력주의로 바꾸었다. 전사에 연봉제를 도입하고, 성과급제, 스톡옵션, 이익분배제 등을 신설했다. 인력 채용 방식도 수시 채용에 더 많은 무게를 두고 있다. 그리고 우수사원을 유치하기 위해 사인온(sign-on) 보너스 제도 등을 도입해 운영하고 있다.

디지털 강국을 향한 끝없는 질주 | 삼성전자는 창립 30주년을 맞아 새로운 비전을 선포하여 세계를 주목하게 만들었다. '디지털 컨버전스(Digital Convergence) 혁명을 선도하는 기업'이라는 비전을 선포한 것이다. 디지털 기술이 발전하면서 가전과 정보통신이 만나고, TV와 PC가 통합되고, 온라인과 오프라인이 접합하는 시대를 이끌어가겠다는 전략이다. 이에 부응하기 위해 삼성은 디지털 미디어 총괄이라는 조직을 만들고, 우리나라를 반도체 최강국으로 만드는 데 결정적인 역할을 한 진대제 사장(현 정보통신부 장관)을 디지털미디어 총괄 사장으로 전격 포진시키는 등 파격적인 인사를 단행했다.

삼성생명의 경우 창립 43주년을 맞아 창립 축제를 아예 '디지털'로 꾸몄다. 강당에서 열었던 축제를 과감히 접고 홈페이지를 통해 '즉석 여론조사', '칭찬 릴레이', '상사에게 e메일 보내기' 등 다양한 행사를 마련했다. 아울러 임원과 직원이 전자 게임을 즐기는 이벤트도 준비했다.

삼성물산은 종합상사라는 기존의 개념을 던져버리고 인터넷 지주회사가 되겠다고 선언하고 나섰다. 전략적인 아웃소싱과 분사를 통해 100여 개의 회사를 거느리겠다는 당찬 다짐이다.

현재 삼성은 디지털 시대를 향해 질주하고 있다. 디지털 강국을 건설하는 밀레니엄 프론티어가 되겠다는 것이다. 컴퓨터, 휴대전화기, 디지털 TV 등 디지털 관련 제품뿐 아니라, 콘텐츠에서도 기회를 선점하고 시장을 주도하기 위해 총력을 기울이고 있다. 과거 아날로그 시대에서는 일본이나 미국을 따라잡기 힘들었지만, 디지털 시대는 삼성이 주도권을 잡고 절대 강자로 군림하겠다는 의지가 대단하다.

글로벌 창의성이 경쟁력이다 | 삼성전자의 경영지원팀에 근무하고 있는 김영수(가명) 과장은 10년 후의 삼성을 이렇게 애기했다.

· · · · · ·

"10년 후의 삼성, 아마 본사가 뉴욕에 있을 겁니다. 지금도 외국인들이 삼성 주식의 50% 이상 갖고 있지 않습니까? 머지않아 국적을 불문하고 글로벌 회사가 될 테니까요. 아마도 CEO 중에 절반은 외국인이 차지하고 있을 겁니다. 이제 세계는 한가족이나 다름없죠. 한국산, 우리민족, 우리기업, 토종기업 뭐 이런 고리타분한 단어들은 구시대의 유물이지요."

그의 얘기를 듣고 있노라면 그 파격적인 발상에 놀라움을 금할 수 없지만 역시 신세대 간부다운 생각이라고 여겨진다. 삼성이 10년 후에도 거대한 목표를 차질 없이 달성하기 위해서는 무엇보다 창의적인 분위기를 만들고 사원들의 참신한 아이디어와 기를 모아 세계적인 제품을 끊임없이 창출하는 것이 중요하다.

삼성이 아무리 디지털 경영을 선언하고, 첨단기술 확보에 투자를 아끼지 않는다고 해도 삼성의 강점은 여전히 조직력에 있다. 조직의 나아갈 방향이 분명하게 서 있고 확실한 투자가 뒷받침되었을 때 비로소 조직은 힘을 발휘할 수 있다. 누구도 예측할 수 없는 미래를 대비하려면 조직의 독창성과 창의성이 필요하다.

원론적인 얘기지만 우리나라는 기술기반이 너무 취약하다. 이런 상황 아래서 삼성이 세계적인 기업으로 자리를 확실히 굳히려

· · · · · ·

면, 창의성이 필요하다. 물론 지금도 삼성은 세계를 향해 열심히 뛰고 있지만 앞으로는 삼성의 주요 무대를 세계로 옮겨놓아야 한다. 그리고 다양성에 바탕을 둔 경영이 이루어져야 한다. 그러기 위해서는 국적을 불문하고 창의력이 뛰어난 세계의 인재를 모아야 하며, 글로벌 마인드를 갖춘 인재를 체계적으로 육성해야 한다.

10년 후도 인재경영이다 | 비메모리 반도체 사업부에서 일하고 있는 박영기(가명) 차장은 10년 후 삼성의 모습을 이렇게 전망했다. "어떤 상품과 기술이 세계를 주름잡을지 예측하기가 어렵습니다. 몇몇 아이템이 속속 등장하고 있지만 '과연 오래갈 수 있을까?' 하는 의구심만 생깁니다. 그러나 바이오 칩과 인공지능 칩은 반도체 시장의 판도를 바꾸어놓고 인류 생활의 새로운 전환점을 긋게 될 것으로 전망합니다. 물론 인공지능 칩 분야에는 아직 전문 인력이 없어 실현 가능성은 미지수입니다."

삼성의 강점 중에 강점은 창업주 고 이병철 회장의 경영이념에서부터 면면히 흐르고 있는 인재경영이다. 삼성은 "사람이 곧 기업이다"라는 인본주의 철학을 바탕으로 인재를 얻기 위해서라면 물불 가리지 않는 적극성으로 우수한 핵심인재들을 많이 확보할 수 있었다. 오늘날 삼성이 초일류기업으로 성장한 바탕에는 인재들이 있었기에 가능했다. 삼성의 인재들이야말로 삼성의 변화와 발전을 도모하는 우수한 병기다.

그러나 디지털로 펼쳐지는 최근의 경영 환경은 하루가 다르게 변하고 있다. 기술이 급변하고 고객의 니즈가 급변하는 가운데 시장도 더욱 세분화되고 있다. 또 국적이 무너지고 아군과 적군이 불분명한 가운데 경쟁의 수위가 점점 높아지고 있다. 아무리 타고난 경영의 귀재라도 5년 후, 10년 후의 상황을 정확히 예견하기가 어려운 게 현실이다. 이런 상황 가운데 삼성이 발표한 2010년의 목표와 비전을 달성하기 위해서는 기회와 위기 상황이 닥쳤을 때 슬기롭게 대처해 나갈 수 있는 인재 확보에 있다. 물론 10년 후도 인재경영이 토대가 되어야 한다.

Right People이 중요하다 | 국내영업 본부에 근무하는 백승호(가명) 차장은 10년 후 삼성의 전망을 묻는 필자의 물음에 자신감 넘치는 목소리로 의견을 피

· · · · ·

197

력했다.

"10년 후 삼성은 북한에 대단위의 전자복합 생산단지를 만들어 놓고 있을 겁니다. 중국에서는 이미 철수했을 거구요. 그리고 적어도 전세계 시장을 주름잡는 상품 100여 개는 만들어놓고 있을 것입니다. 그 이유는 디지털 컨버전스를 어차피 삼성이 주도할 것이기 때문이죠." 그러면서 마지막으로 의미 있는 한 마디를 던졌다.

"아마 그 때쯤이면 제가 북한의 전자복합 생산단지 공장장을 하고 있을 겁니다."

그의 당당한 말투, 자신감 있는 표정, 열정적인 태도를 보니 마냥 기분이 좋았다. 삼성맨으로서의 당당함, 패기와 용기, 열정 등은 삼성의 전형적인 중간간부의 모습이다. 백 차장과 같은 중간간부는 삼성이란 종교에 빠져 자신의 모든 것을 포기하고 오로지 한곳만 바라보는 광신도의 모습과 같다는 생각이 들었다.

《Talent Solution》의 저자 에드워드 굽먼(Edward Gubman)에 따르면 진정한 인재는 지식, 기술과 같은 테크니컬한 요소뿐 아니라, 가치관이나 태도 같은 소프트한 역량을 갖추어야 한다고 주장한다. 그렇다. 지식과 기술도 중요하지만, 그보다 올바른 태도와 가치관을 갖춘 인재가 더욱 중요하다. 기업 간 치열한 인재

확보 전쟁을 치르다 보니 당장 시급한 프로젝트에 활용할 수 있는 기술과 능력이 검증된 인력이면 무조건 영입하는 식으로 인재를 확보하는 경향이 있다. 단기적으로는 조직의 성과 제고에 긍정적인 효과가 있겠지만, 장기적으로는 조직 구성원 전반의 사기와 신뢰 수준, 그리고 성과에도 부정적인 영향을 미칠 수 있다. 삼성의 경우 사업 특성, 가치, 문화 등에 부합하는 태도와 가치관을 갖춘 인재가 필요하다. 다시 말해서 역량을 갖춘 인재 중에서도 회사와 코드가 맞는 인재, 즉 적합한 인재(Right People)를 확보해야 한다.

그들이 주축이 되어 시너지를 창출해야만 삼성은 강한 추진력을 잃지 않고 핵심사업에 주력할 수 있다. 10년 후 세계적인 초우량기업의 모습은 Right People의 역량에 따라 좌우될 것이다.

Right People들이 중간간부로 성장하면서 리더십을 발휘할 때, 삼성은 세계무대에서 가장 존경받는 기업으로 우뚝서 그 위상을 드높이게 될 것이다. 그러므로 중간간부들의 리더십을 중심축으로 변화와 혁신을 주도하는 삼성의 인재경영은 계속되어야 한다. 다시 한번 강조하지만 리더는 만들어지고 육성되는 것이다.

· · · · · ·

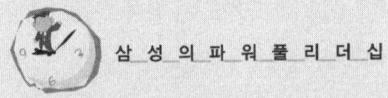

코칭 리더십이 필요하다

코칭 리더십은 왜 필요한가?

인간적인 존경과 신뢰를 바탕으로 발휘되는 리더십을 보유한 중간관리자가 많은 기업만이 장기적인 경쟁력을 확보할 수 있다. 여기서 강조되는 리더십이 바로 코칭 리더십이다. 코칭 리더십이란 중간관리자들의 효율적인 업무수행을 위해서 구성원들이 가지고 있는 역량요소를 찾아 강점을 지속적으로 강화시키며, 약점은 전략적으로 보완하고, 좀더 효과적으로 일할 수 있는 방법이나 지식을 제공하는 상호수용적이고 성과 지향적인 프로세스를 말한다. 코칭 리더십은 신뢰를 바탕으로 구성원들에게 최대한의 권한을 제공해야 한다. 그래야 구성원들에게 동기부여가 되는 것이다. 동기부여를 통해 구성원들은 스스로 잠재능력을 최대로 발휘할 수 있고 이를 바탕으로 조직에 성과가 나타난다. 아울러 구성원들의 자율적인 참여를 통해 역할이 증대된다.

코칭 리더십의 원리

코칭 리더십은 구성원들 간에 이루어지는 쌍방향 커뮤니케이션을 말한다. 그러므로 코칭이 성립하려면 코칭을 하는 사람과 코칭을 받는 사람이 존재해야 한다. 코칭을 하는 사람과 코칭을 받는 사람이 한 방향으로 공동의 목표를 향해 단계적이고 지속적인 대화를 가져야 하며 상호간에 책임의식을 가져야 한다.

그런데 코칭 리더십을 발휘하는 리더는 솔루션을 제공하는 사람이 결코 아니다. 구성원들 스스로가 답을 찾도록 도움을 주고 해답을 찾은 다음에 실천할 수 있도록 동기를 제공하는 일이 코칭 리더의 역할이다. 구성원들이 실천하지 않고 변화가 이루어지지 않는다면 아무것도 기대할 수 없다. 이럴 경우 코칭 리더가 구성원들의 행동이나 습관, 그리고 성품을 바르게 지도해 주어야 한다. 결국 코칭 리더들은 자신에게 주어진 업무를 잘 수행함과 동시에 긍정적인 변화를 유도해야 한다.

. . . . . .

코칭 리더십 스킬

코칭 리더십을 효과적으로 발휘하는 데 가장 중요한 요소는 질문과 경청의 기술이다. 특히 질문은 코칭에 있어 매우 중요하다. 코치는 질문을 통해 상대방의 의사와 마음을 확인할 수 있다. 효과적인 질문은 구성원들에게 새로운 아이디어와 좀더 나은 방향을 생각하게 하며, 구체적인 전략을 세우게 한다. 생산적인 질문은 생산적인 대답을 이끌어낼 수 있기 때문에 코칭 리더는 좋은 질문을 던질 줄 알아야 한다. 이는 자신의 가치를 드러내는 것이기도 하다.

경청 기술은 커뮤니케이션에 있어서 듣기 방법과 관련 있다. 관리자들은 대부분 자신이 좀더 나은 위치에 있고 좀더 높은 자리에 앉아 있기 때문에, 그리고 좀더 많은 경험을 했다는 이유로 말을 많이 해야 하는 줄로 착각하고 살아간다. 그리고 어떻게 하면 좋은 이야기를 많이 생각하고 만들어서 부하들에게 주입시킬 것인가를 고민한다. 그러나 이런 모습을 가진 관리자야말로 구성원들이 거부감을 느끼고 그들의 얘기를 잔소리 정도로만 여긴다는 사실을 알아야 한다.

경청을 잘 하는 사람은 침묵할 줄 알며, 상대방의 얘기를 액면 그대로 듣는 것이 아니라 그 속에 담겨 있는 뜻과 의미를 함께 들을 줄 안다. 더군다나 상대방의 생각과 감정까지도 들을 줄 안다. 이렇듯 경청은 상호간 신뢰에 바탕한 공감대를 형성해 주고 진정한 코칭 리더십을 발휘하게 만드는 훌륭한 기술이다. 진정한 코칭 리더가 되고 싶다면 쉼없이 질문하라, 그리고 경청하라.

10만 명을 먹여살릴 수 있는 리더가 되어라!

프랑스의 퀴 은구엔 휘(Quy Nguyen Huy) 교수는 중간간부들의 리더십에 관한 실증적인 연구를 실시해 그들의 역할을 새롭게 조명했다. 즉 6년 간 200명 이상의 중간간부와 현장 인터뷰를 가졌고 사례연구를 통해 결과를 얻었다. 그 내용은 중간간부의 중요성과 그들의 빛나는 리더십을 강조하는 데 초점이 맞추어진다. 특별히 급진적인 환경과 조직이 변화의 시기에 놓였을 때 중간간부들의 역할은 다음과 같은 이유에서 정말로 중요하다고 밝힌다.

첫번째 중간간부들은 커뮤니케이션의 촉매 역할을 해야 한다. 중간간부들은 조직의 구조상 의사전달의 파이프라인 역할을 하고 있다. '상의하달과 하의상달' 이라는 역할은 말할 것도 없고,

비공식 네트워크를 활용해 조직의 변화나 경영에 도움이 되는 중요한 메시지를 효과적으로 전달하는 위치에 있다.

두번째 중간간부들은 마치 줄타기를 하는 곡예사와 같은 역할을 해야 한다. 조직의 성공적인 변화와 혁신을 추진하기 위해서는 구성원의 사기와 조직의 변화 연속성이 절대적인 균형을 이루어야 한다. 중간간부들은 이런 상황에서 양쪽의 균형을 유지하며 해결책을 찾아내는 능력이 누구보다 뛰어나다.

세번째 중간간부들은 조직 구성원을 위한 치료자 역할을 해야 한다. 조직의 급진적인 변화와 혁신은 구성원을 커다란 혼란으로 빠지게 하는데 그렇게 되면 심리적 불안감에 빠져 사기를 잃기 쉽다. 심지어 조직이 붕괴할 수도 있다. 중간간부는 이 같은 위기 상황에서 구성원의 사기증진과 심리적 치료에 긍정적인 역할을 할 수 있다. 그들은 어느 누구보다 직원들의 심리와 요구를 잘 파악하며, 문제를 해결할 수 있는 나름의 노하우를 갖고 있다.

마지막으로 중간간부들은 기업가적 역할을 수행해야 한다. 그들은 조직의 중간 위치에 있기 때문에 경영진이나 고위간부보다 업무를 추진하는 일이나 고객과의 접점에서, 그리고 구성원과의 관계에서도 훨씬 가까이에 근접해 있다. 따라서 누구보다 현장

· · · · ·

에서 불거지는 문제의 원인과 그 해결 방법을 잘 알고 있다. 또한 여러 가지 솔루션에 대한 아이디어를 갖고 있기도 하다.

핵심인력 한 사람이 10만 명을 먹여살리는 시대 | 지금은 중간간부들의 빛나는 리더십을 요구하는 시대다. 급변하는 경영환경에 능동적으로 적응하는 것은 물론, 조직의 중심축에서 구성원에게 동기를 부여하며, 새로운 성과를 창출하는 중간간부가 되어야 한다. 그러기 위해서는 끊임없는 자기계발에 많은 노력을 기울임과 동시에 업그레이드 전략을 갖추고 있어야 한다.

최고경영자의 방침이나 지시사항 등을 단순히 전달하는 역할에 그치거나 방관자 입장에 서 있으면 안 된다. 조직이라는 무대의 주역이라는 자부심을 갖고 소신껏 의사결정에 참여하며, 구성원을 한 방향으로 이끌어나가야 한다. 특히 새로운 영역에 과감히 도전하는 기업가형 중간간부가 되어야 한다.

지금 우리가 살고 있는 시대는 '핵심인력 한 사람이 10만 명을 먹여살리는 시대' 다. 핵심인력이 제 역할을 발휘하기 위해서

• • • • •

는 중간간부들이 많은 노력을 해야 한다. 그만큼 중간간부의 역할이 중요해진 것이다. 중간간부들은 코칭 리더십을 통해 핵심인력에 동기를 부여하고 그들이 신바람 나게 일할 수 있는 환경을 마련해 주어야 한다.

어떤 조직이든 아드레날린 조직과 엔돌핀 조직이 있다. 아드레날린 조직은 끊임없이 위기감을 조성하고, 엄하게 꾸짖어 분발을 촉구하는 등 쉴새없이 몰아붙인다. 당근과 채찍만 이용해 최고의 성과만을 강조하기 때문에, 늘 스트레스의 연속이 특징이다. 반면 엔돌핀 조직은 칭찬, 격려, 권한부여, 인정, 포상 등 여러 가지 신바람 나는 조직문화를 조성해서 창의성과 생산성을 높인다. 이는 요즘 잘 나가는 초일류기업들의 공통점이기도 하다. 따라서 엔돌핀 조직의 중간간부들은 뛰어난 리더십을 발휘해야 한다. 엔돌핀 조직의 하이라이트는 '절정체험(peak experience)'인데 인간은 감동과 감격의 순간, 그리고 환희의 순간에 성취감과 함께 절정체험을 맛보며 그 순간 엔돌핀이 솟아난다고 한다. 중간간부들은 코칭 리더십을 통해서 구성원들을 얼마든지 감동시킬 수 있다. 핵심인력을 감동시켜 엔돌핀이 솟아나오게 할 수 있는 중간간부, 그들은 이미 핵심인재이자 Right People이다. 다시 한번 강조하지만 리더는 만들어지고 육성되는 것이다. 끊임없는 자기계발의 의지와 도전정신을 갖고 변화와 혁신에 정진할 때 진정한 핵심 리더로 거듭날 수 있다.

'100마리째 원숭이 현상'이라는 가설이 있다 약 50년 전, 일본의 미야자키 현의 고지마라는 무인도에서 일본 원숭이에게 고구마를 주어 길들이는 데 성공했다. 원숭이들은 처음에 고구마에 붙은 흙을 털어내고 먹었다. 그러던 어느 날 젊은 암원숭이가 고구마를 강물에 씻어먹자 다른 원숭이들도 그 행동을 따라 했다. 고지마 원숭이 사이에 고구마 씻어 먹는 일이 일상화되자 놀라운 일이 벌어졌다. 고지마 원숭이와 전혀 접촉이 없는 다른 지역 원숭이들도 고구마를 물에 씻어 먹기 시작한 것이다.

한 마리가 생각해 낸 지혜가 집단 안으로 확산되고, 그 수가 일정량을 넘으면 멀리 떨어진 동류들도 자연스럽게 그 지혜를 받아들이고 실천하게 되는 것이다.

영국의 과학자 루퍼트 셸드레이크(Rupert Sheldrake)는 이런 현상을 '유형(類型)의 장(場)에 의한 유형의 공명(共鳴)'이라는 '셸드 레이크 가설'로 설명했다. 100명이 문제의식을 갖고 그 문제를 해결하고자 노력하면 세계가 변한다는 주장이다.

이 시대가 요구하는 중간간부들의 역할과 리더십을 100명이 깨닫는다면, 필자는 더 이상 바랄 게 없다.

꿈을 혼자서 꾸면 꿈에 지나지 않지만, 그 꿈을 모두가 나누어 꾸면 반드시 현실이 된다.

삼성의 팀 리더십

지은이 | 신원동
펴낸이 | 김경태
펴낸곳 | 한국경제신문 한경BP

제1판 1쇄 발행 | 2005년 11월 10일
제1판 8쇄 발행 | 2010년 11월 30일

주소 | 서울특별시 중구 중림동 441
기획출판팀 | 3604-553~6
영업마케팅팀 | 3604-595, 555 FAX | 3604-599
홈페이지 | http://www.hankyungbp.com
전자우편 | bp@hankyungbp.com
등록 | 제 2-315(1967. 5. 15)

ISBN 89-475-2548-0
값 10,000원